寻找沃土

老科学家学术成长资料采集工程

中国科学院院士传记丛书

U0654014

1930年
出生于湖北省武汉市

1949年
考入武汉大学

1953年
分配到中国科学院土壤研究所工作

1964年
开始在古巴考察土壤

1983年
担任中国科学院南京土壤所所长

1991年
当选中国科学院学部委员

老科学家学术成长资料采集工程

中国科学院院士传记丛书

寻找沃土

赵其国传

杨坚 ◎ 著

上海交通大学出版社

中国科学技术出版社

图书在版编目(CIP)数据

寻找沃土：赵其国传/杨坚著. —上海：上海交通大学出版
社,2015

(老科学家学术成长资料采集工程丛书)

ISBN 978 - 7 - 313 - 12035 - 9

Ⅰ.①寻… Ⅱ.①杨… Ⅲ.①赵其国—传记

Ⅳ.①K826.16

中国版本图书馆 CIP 数据核字(2014)第 207434 号

出 版 人	韩建民 苏 青	
责任编辑	张善涛	
责任营销	陈 鑫	
版式设计	中文天地	

出 版	上海交通大学出版社 中国科学技术出版社
发 行	上海交通大学出版社
地 址	上海市番禺路 951 号
邮 编	200030
发行电话	021 - 64071208
传 真	021 - 64073126
网 址	http://www.jiaodapress.com.cn

开 本	787mm×1092mm 1/16
字 数	198 千字
印 张	13.75
彩 插	3
版 次	2015 年 1 月第 1 版
印 次	2015 年 1 月第 1 次印刷
印 刷	上海景条印刷有限公司
书 号	ISBN 978 - 7 - 313 - 12035 - 9/K
定 价	39.00 元

(凡购买本社图书,如有缺页、倒页、脱页者,本社发行部负责调换)

老科学家学术成长资料采集工程
领导小组专家委员会

主　任：杜祥琬

委　员：（以姓氏拼音为序）

　　　　巴德年　　　陈佳洱　　　胡启恒　　　李振声

　　　　王礼恒　　　王春法　　　张　勤

老科学家学术成长资料采集工程
丛书组织机构

特邀顾问（以姓氏拼音为序）

　　　　樊洪业　　　方　新　　　齐　让　　　谢克昌

编 委 会

主　编：王春法　　　张　藜

编　委：（以姓氏拼音为序）

　　　　艾素珍　　　董庆九　　　胡化凯　　　黄竞跃　　　韩建民

　　　　廖育群　　　吕瑞花　　　刘晓勘　　　林兆谦　　　秦德继

　　　　任福君　　　苏　青　　　王扬宗　　　夏　强　　　杨建荣

　　　　张柏春　　　张大庆　　　张　剑　　　张九辰　　　周德进

编委会办公室

主　任：许向阳　　　张利洁

副主任：许　慧　　　刘佩英

成　员：（以姓氏拼音为序）

　　　　崔宇红　　　董亚峥　　　冯　勤　　　何素兴　　　韩　颖

　　　　李　梅　　　罗兴波　　　刘　洋　　　刘如溪　　　沈林苣

　　　　王晓琴　　　王传超　　　徐　捷　　　肖　潇　　　言　挺

　　　　余　君　　　张海新　　　张佳静

老科学家学术成长资料采集工程简介

老科学家学术成长资料采集工程（以下简称"采集工程"）是根据国务院领导同志的指示精神，由国家科教领导小组于2010年正式启动，中国科协牵头，联合中组部、教育部、科技部、工信部、财政部、文化部、国资委、解放军总政治部、中国科学院、中国工程院、国家自然科学基金委员会等11部委共同实施的一项抢救性工程，旨在通过实物采集、口述访谈、录音录像等方法，把反映老科学家学术成长历程的关键事件、重要节点、师承关系等各方面的资料保存下来，为深入研究科技人才成长规律，宣传优秀科技人物提供第一手资料和原始素材。按照国务院批准的《老科学家学术成长资料采集工程实施方案》，采集工程一期拟完成300位老科学家学术成长资料的采集工作。

采集工程是一项开创性工作。为确保采集工作规范科学，启动之初即成立了由中国科协主要领导任组长、12个部委分管领导任成员的领导小组，负责采集工程的宏观指导和重要政策措施制定，同时成立领导小组专家委员会负责采集原则确定、采集名单审定和学术咨询，委托中国科学技术史学会承担具体组织和业务指导工作，建立专门的馆藏基地确保采集资料的永久性收藏和提供使用，并研究制定了《采集工作流程》、《采集工作规范》等一系列基础文件，作为采集人员的工作指南。截至2014年底，已启动304位老科学家的学术成长资料采集工作，获得手稿、书信等实物原件资料52 093件，数字化资料137 471件，视频资料183 878分钟，音频资料224 828分钟，具有重要的史料价值。

采集工程的成果目前主要有三种体现形式，一是建设一套系统的"老科学家学术成长资料数据库"（本丛书简称"采集工程数据库"），提供学术研究和弘扬科学精神、宣传科学家之用；二是编辑制作科学家专题资料片系列，以视频形式播出；三是研究撰写客观反映老科学家学术成长经历的研究报告，以学术传记的形式，与中国科学院、中国工程院联合出版。随着采集工程的不断拓展和深入，将有更多形式的采集成果问世，为社会公众了解老科学家的感人事迹，探索科技人才成长规律，研究中国科技事业的发展历程提供客观翔实的史料支撑。

总序一

中国科学技术协会主席　韩启德

　　老科学家是共和国建设的重要参与者，也是新中国科技发展历史的亲历者和见证者，他们的学术成长历程生动反映了近现代中国科技事业与科技教育的进展，本身就是新中国科技发展历史的重要组成部分。针对近年来老科学家相继辞世、学术成长资料大量散失的突出问题，中国科协于2009年向国务院提出抢救老科学家学术成长资料的建议，受到国务院领导同志的高度重视和充分肯定，并明确责成中国科协牵头，联合相关部门共同组织实施。根据国务院批复的《老科学家学术成长资料采集工程实施方案》，中国科协联合中组部、教育部、科技部、工业和信息化部、财政部、文化部、国资委、解放军总政治部、中国科学院、中国工程院、国家自然科学基金委员会等11部委共同组成领导小组，从2010年开始组织实施老科学家学术成长资料采集工程。

　　老科学家学术成长资料采集是一项系统工程，通过文献与口述资料的搜集和整理、录音录像、实物采集等形式，把反映老科学家求学历程、师承关系、科研活动、学术成就等学术成长中关键节点和重要事件的口述资料、实物资料和音像资料完整系统地保存下来，对于充实新中国科技发展的历史文献，理清我国科技界学术传承脉络，探索我国科技发展规律和科技人才成长规律，弘扬我国科技工作者求真务实、无私奉献的精神，在全社会营造爱科学、学科学、用科学的良好氛围，是一件很有意义的事情。采集工程把重点放在年龄在 80 岁以上、学术成长经历丰富的两院院士，以及虽然不是两院院士、但在我国科技事业发展中作出突出贡献的老科技工作者，充分体现了党和国家对老科学家的关心和爱护。

自 2010 年启动实施以来，采集工程以对历史负责、对国家负责、对科技事业负责的精神，开展了一系列工作，获得大量反映老科学家学术成长历程的文字资料、实物资料和音视频资料，其中有一些资料具有很高的史料价值和学术价值，弥足珍贵。

以传记丛书的形式把采集工程的成果展现给社会公众，是采集工程的目标之一，也是社会各界的共同期待。在我看来，这些传记丛书大都是在充分挖掘档案和书信等各种文献资料、与口述访谈相互印证校核、严密考证的基础之上形成的，内中还有许多很有价值的照片、手稿影印件等珍贵图片，基本做到了图文并茂，语言生动，既体现了历史的鲜活，又立体化地刻画了人物，较好地实现了真实性、专业性、可读性的有机统一。通过这套传记丛书，学者能够获得更加丰富扎实的文献依据，公众能够更加系统深入地了解老一辈科学家的成就、贡献、经历和品格，青少年可以更真实地了解科学家、了解科技活动，进而充分激发对科学家职业的浓厚兴趣。

借此机会，向所有接受采集的老科学家及其亲属朋友，向参与采集工程的工作人员和单位，表示衷心感谢。真诚希望这套丛书能够得到学术界的认可和读者的喜爱，希望采集工程能够得到更广泛的关注和支持。我期待并相信，随着时间的流逝，采集工程的成果将以更加丰富多样的形式呈现给社会公众，采集工程的意义也将越来越彰显于天下。

是为序。

总序二

中国科学院院长　白春礼

　　由国家科教领导小组直接启动，中国科学技术协会和中国科学院等12个部门和单位共同组织实施的老科学家学术成长资料采集工程，是国务院交办的一项重要任务，也是中国科技界的一件大事。值此采集工程传记丛书出版之际，我向采集工程的顺利实施表示热烈祝贺，向参与采集工程的老科学家和工作人员表示衷心感谢！

　　按照国务院批准实施的《老科学家学术成长资料采集工程实施方案》，开展这一工作的主要目的就是要通过录音录像、实物采集等多种方式，把反映老科学家学术成长历史的重要资料保存下来，丰富新中国科技发展的历史资料，推动形成新中国的学术传统，激发科技工作者的创新热情和创造活力，在全社会营造爱科学、学科学、用科学的良好氛围。通过实施采集工程，系统搜集、整理反映这些老科学家学术成长历程的关键事件、重要节点、学术传承关系等的各类文献、实物和音视频资料，并结合不同时期的社会发展和国际相关学科领域的发展背景加以梳理和研究，不仅有利于深入了解新中国科学发展的进程特别是老科学家所在学科的发展脉络，而且有利于发现老科学家成长成才中的关键人物、关键事件、关键因素，探索和把握高层次人才培养规律和创新人才成长规律，更有利于理清我国科技界学术传承脉络，深入了解我国科学传统的形成过程，在全社会范围内宣传弘扬老科学家的科学思想、卓越贡献和高尚品质，推动社会主义科学文化和创新文化建设。从这个意义上说，采集工程不仅是一项文化工程，更是一项严肃认真的学术建设工作。

中国科学院是科技事业的国家队，也是凝聚和团结广大院士的大家庭。早在1955年，中国科学院选举产生了第一批学部委员，1993年国务院决定中国科学院学部委员改称中国科学院院士。半个多世纪以来，从学部委员到院士，经历了一个艰难的制度化进程，在我国科学事业发展史上书写了浓墨重彩的一笔。在目前已接受采集的老科学家中，有很大一部分即是上个世纪80、90年代当选的中国科学院学部委员、院士，其中既有学科领域的奠基人和开拓者，也有作出过重大科学成就的著名科学家，更有毕生在专门学科领域默默耕耘的一流学者。作为声誉卓著的学术带头人，他们以发展科技、服务国家、造福人民为己任，求真务实、开拓创新，为我国经济建设、社会发展、科技进步和国家安全作出了重要贡献；作为杰出的科学教育家，他们着力培养、大力提携青年人才，在弘扬科学精神、倡树科学理念方面书写了可歌可泣的光辉篇章。他们的学术成就和成长经历既是新中国科技发展的一个缩影，也是国家和社会的宝贵财富。通过采集工程为老科学家树碑立传，不仅对老科学家们的成就和贡献是一份肯定和安慰，也使我们多年的夙愿得偿！

鲁迅说过，"跨过那站着的前人"。过去的辉煌历史是老一辈科学家铸就的，新的历史篇章需要我们来谱写。衷心希望广大科技工作者能够通过"采集工程"的这套老科学家传记丛书和院士丛书等类似著作，深入具体地了解和学习老一辈科学家学术成长历程中的感人事迹和优秀品质；继承和弘扬老一辈科学家求真务实、勇于创新的科学精神，不畏艰险、勇攀高峰的探索精神，团结协作、淡泊名利的团队精神，报效祖国、服务社会的奉献精神，在推动科技发展和创新型国家建设的广阔道路上取得更辉煌的成绩。

总序三

中国工程院院长　周　济

由中国科协联合相关部门共同组织实施的老科学家学术成长资料采集工程，是一项经国务院批准开展的弘扬老一辈科技专家崇高精神、加强科学道德建设的重要工作，也是我国科技界的共同责任。中国工程院作为采集工程领导小组的成员单位，能够直接参与此项工作，深感责任重大、意义非凡。

在新的历史时期，科学技术作为第一生产力，已经日益成为经济社会发展的主要驱动力。科技工作者作为先进生产力的开拓者和先进文化的传播者，在推动科学技术进步和科技事业发展方面发挥着关键的决定的作用。

新中国成立以来，特别是改革开放 30 多年来，我们国家的工程科技取得了伟大的历史性成就，为祖国的现代化事业作出了巨大的历史性贡献。两弹一星、三峡工程、高速铁路、载人航天、杂交水稻、载人深潜、超级计算机……一项项重大工程为社会主义事业的蓬勃发展和祖国富强书写了浓墨重彩的篇章。

这些伟大的重大工程成就，凝聚和倾注了以钱学森、朱光亚、周光召、侯祥麟、袁隆平等为代表的一代又一代科技专家们的心血和智慧。他们克服重重困难，攻克无数技术难关，潜心开展科技研究，致力推动创新发展，为实现我国工程科技水平大幅提升和国家综合实力显著增强作出了杰出贡献。他们热爱祖国，忠于人民，自觉把个人事业融入到国家建设大局之中，为实现国家富强而不断奋斗；他们求真务实，勇于创新，用科技为中华民族的伟大复兴铸就了辉煌；他们治学严谨，鞠躬尽瘁，具有崇高的科学精神和科学道德，是我们后代学习的楷模。科学家们的一生是一本珍贵的教科书，他们坚定的理想信念和淡泊名利的崇高品格是中华民族自强不息精神的宝贵财富，永远值得后人铭记和敬仰。

通过实施采集工程，把反映老科学家学术成长经历的重要文字资料、实物资料和音像资料保存下来，把他们卓越的技术成就和可贵的精神品质记录下来，并编辑出版他们的学术传记，对于进一步宣传他们为我国科技发展和民族进步作出的不朽功勋，引导青年科技工作者学习继承他们的可贵精神和优秀品质，不断攀登世界科技高峰，推动在全社会弘扬科学精神，营造爱科学、讲科学、学科学、用科学的良好氛围，无疑有着十分重要的意义。

中国工程院是我国工程科技界的最高荣誉性、咨询性学术机构，集中了一大批成就卓著、德高望重的老科技专家。以各种形式把他们的学术成长经历留存下来，为后人提供启迪，为社会提供借鉴，为共和国的科技发展留下一份珍贵资料。这是我们的愿望和责任，也是科技界和全社会的共同期待。

周济

自　序

　　2012 年 8 月，南京正是天气最热的时候，参加中国科协组织的"老科学家学术成长资料采集工程"项目工作的杨坚如约来到中国科学院南京土壤研究所我的办公室，希望我能配合完成有关学术成长历程的采集工作。我之前对采集工程已有所了解，感到国家是做了一件大好事，但总觉得自己没有什么有份量的工作可以拿出来说。通过与杨坚交流，对自己的过往经历又有了新的认识，于是我愉快地答应他协助采集小组做好这项工作。

　　在断断续续三百多天的辛勤劳作中，采集小组工作进展得比较顺利，他们收集我的工作、生活照片，整理有关聘书、证件、文章、著作，并录音、录像，将我口述的录音整理成文字稿。在此基础上，杨坚拟定了有关我的学术成长报告的提纲，并按这个提纲的顺序着手撰写各章的初稿，遇到问题时随即向我提出咨询，这样循序渐进，完成进度也很快。在编写过程中，采集小组不断对文稿的内容和文字进行调整、修饰与完善，其间还专程到各地查阅有关原始资料，填补我口述史实中的空缺或遗漏，同时对文稿中涉及的重要历史人物、事件或专业术语作了较为细致的注释或说明。2013 年 10 月，杨坚终于完成本报告，报告较为详细地反映了我一生经历和学术成长的主要史实，我曾很认真地跟他说："现在，你比我自己还了解我。"

　　我是 1949 年新中国成立初期进入大学学习的，1953 年大学毕业后进入中科院土壤研究所参加工作,当时土壤所刚建立。新中国建立之初,为了打破外国对华封锁,加强国防建设,党中央发出了"自力更生建设我国自己的橡胶基地"的号召。1953年,周恩来总理提出,要用5到10年,将整个海南岛,雷州半岛,西双版纳,近15~20万平方公里的地方全部规划成橡胶林地。我就是在这种形势下投身于橡胶宜林地调查的,当时我们与有关单位共8人参加考察,由李庆逵领导,白天在林地中考察,晚上就搭帐篷露营,整天吃馒头、喝溪水。就这样坚持工作3年,从海南岛到雷州半岛再到云南西双版纳,把橡胶种植起来。

1958年,我担任考察队的领导,开展了定位观测研究,在海南及西双版纳等地建立定位试验站,开始与中科院北京地理所等单位年轻同志,后来与苏联专家一起又进行了3~4年工作,包括对南方各省进行土壤及生物资源考察等。通过前后长达10年之久的野外调查、研究,总结了以橡胶为主的热带作物开发利用与土壤分布及土壤性质的相互关系,提出了以热量条件、土壤性质为标准的热带作物利用等级评价方案,为制定热带作物发展规划与布局提供了科学依据,基本上解决了有关在我国发展天然橡胶的理论与实践问题,诸如种植北线、地理背景、育种、施肥及快速管理割胶等。这些经验不仅对东南亚地区,甚至对全球橡胶种植均有重要借鉴意义。

1963年毛主席接见卡斯特罗后,决定从中国派土壤、渔业、文化等专家组赴古巴执行国际援助项目。当年7~8月,我随马溶之所长第一次到哈瓦那与古巴科学院商谈援助计划,并进行一般性考察。1964年9月,土壤所组成由地理、农化、物理、温室等专业的科研人员参加的援古土壤专家组,由李庆逵带队到古巴正式开展工作。我负责地理小组的工作,1966年"文革"时李庆逵被调回国后,被任命为古巴专家组组长兼党支部书记。在行政上,我负责与古方共同协调全所任务,在业务上我主要负责土壤所地理研究室的工作,直到1969年底完成任务后回国,除1967年8月回所探亲一次外,一直坚持在古巴工作,先后近5年。古巴同志对我们多年长期在外工作表现出的刻苦耐劳,团结友好和坚持不懈的国际主义奉献精神表示十分敬佩。期间,除领导创建古巴土壤所、培养干部外,还负责进行古巴土壤性质、土壤地理及资源利用的深入研究。在4年多时间里,几乎跑遍了古巴全国,采集了数以千计的土壤样品，首次对古巴土壤地理工作进行系统总结，对该国土壤资源评价、土壤发生分类等提出新的建议，最后完成了1：25万古巴土壤图及《古巴土壤》专著，这些均属古巴科学院的开创性成果。过去古巴虽有美苏学者进行过土壤研究，但其成果的学术观点不清，综合不足，资料不全。显然，我们这次完成的土壤研究成果，对古巴及中美洲今后的土壤科学研究具有深远影响。

1973年，周恩来总理提出向黑龙江荒地要一百亿斤粮食的总动员令。中科院组织包括土壤所、地理所等6个单位近百人奔赴黑龙江。黑龙江省，过去统称"黑土地"、"北大荒"，当时共73万平方公里，我是土壤专业负责人兼西部分队长，每年5月1日从南京出发，11月底回所。由于"北大荒"平原夏季地面浅层积水，我们只能坐"爬犁"，用红松大木板扎成大木排，上面架起帐篷，前面用斯大林100号大拖拉机拖行，一路采土样、查地势、画地图、选耕地。住的是"爬犁"上的帐篷，吃的是馒头、野菜，喝的是河水，白天工作与蚊虫、小咬、水蛭相伴，晚上常有熊瞎子相随。就是这样，从1973到1980年，我带领队伍圆满完成这次荒地资源考察任务，共计在黑龙江"北大荒"选出了3 400万亩可开垦的农用地，为解决国家当时粮食需求做出了重要贡献。1978年随李庆逵在北京人民会堂参加全国科学大会，在会上接受"黑龙江荒地资源考察"奖状时真是无比激动。

1983到1995年，我担任土壤所所长，之前曾做过两年所长助理，主要负责土壤所的外事接待工作。上任时，正值改革初期，所里组织分散、困难重重。我做的第一件事就是抓凝聚，凝聚任务、凝聚人员、凝聚经费，把全所凝成一盘棋，把全所研究项目集中在一起，大家一起做。当时我们所领导班子、包括我在内，个人名下从无项目与课题。同时，我积极推动土壤所改革开放与国际合作发展，针对当时所里高级业务人才缺乏、年轻人多、经费困难的特点，通过提供条件请国外专家到土壤所及国内参观考察，临走时请他带我所研究人员跟随其在国外工作或做研究的方式，尽量争取派人出国学习。当时所里以这种方式，十几年里陆续送出国80余人，为之后的土壤科学研究和土壤所的创新发展打下了坚实基础。

1991年，我当选中科院学部委员。1998～1999年，我参加并主持了由中科院地学部组织的 20 余位院士和专家在广州、东莞、深圳、韶关、厦门、杭州、上海、无锡、南京、烟台等 10 个沿海城市进行了环境问题的实地调查与考察，系统调查了这些地区的城市群、区域、流域及海岸带环境质量现状及危害，并在深入分析其变化原因及演变态势的基础上，提出了有针对性的对策建议。时隔 10 年，2010～2011 年，我们在国家要求下，又进行了第二次同样类型的考察，并将 10 年前后对比研究报告，交由中科院报送国务院。

2008 年，我参与并主持了"中国至 2050 年农业科技发展路线图"研究，提出了发展我国"生态高值农业"的理念及其技术体系。2010 年，国家环保部组织有关土壤学及地学界的院士及专家，对我国"土壤保护战略"进行了 3 年的系统深入研究。2012 年科学院组织我们院士牵头，开展我国南方耕地及矿山区土壤重金属污染现状与防治对策的研究，我们对广东韶关矿山、湖南长沙湘江流域的农用地进行调查。2012～2013 年，我在福建长汀县与地方结合，以院士工作站的形式开展了水土保持研究。从 2000 年至今，我还参加了针对江苏省沿海、沿江开发开展的多次咨询调研，直接领导了对江苏省沿海滩涂、湿地农业、生态环境和观光旅游的开发利用与保护规划等工作，并在江苏东台与企业结合建立了沿海滩涂开发利用的院士工作站。

回顾几十年的成长经历，我觉得人活一辈子，除了争取良好的生活物质条件外，最重要的是应对社会有所奉献。我真正是属于生在旧社会、长在红旗下的一代人，真正是在中国共产党领导、教育、培养下成长起来的知识分子代表。我上大学与参加工作的梦想和机会是党给我的，我政治觉悟及科研水平的提高是党教育培养我的，我工作的魄力与克服困难的勇气是党鼓励我的，这是我的切身体会。每当我面对成就与奖励时，想起我是共产党员，我会谦虚谨慎；每当我面对工作失败与挫折时，想起我是党员，我会鼓足勇气加以克服。60 多年来，随着国家社会形势的变化，我在工作上曾遇到很多困难，当我在祖国高山、荒原、湿地、丛林中考察，在攀登加勒比海 2 600 米马亚斯特拉山顶峰时，一想到困难，就会想到党的教导，就会鼓足克服困难的勇气。可见，没有党对我的教育培养，就不会有我的今天！

此外，土壤所的前辈师长对我在科研及为人方面的教导也是令我终身难忘的。马溶之、熊毅和李庆逵，3 位都是我特别尊敬的师长，对我帮助很大。特别是李庆逵,在我进所时,就带领我们参加南方橡胶宜林地及土壤综合考察,白天在野外工作,晚上为我们上"土壤肥料"课,有时通过联合调查,请生态及地理专家教我们有关知识。回所后严格要求我们亲自将所采标本进行化验,并对数据及报告加以修改。是他,把我从一个土壤科学研究的门外汉培养成为独挡一面的土壤学科带头人。我任所长时,他推荐我进入国际土壤学会,并带领我多次出国参加国际学术会议。1985年我在日本国际土壤学会全会上做的报告,他亲自修改定稿;1991年,他又鼎力推荐我当选中科院地学部学部委员。李庆逵是我国土壤植物营养化学的奠基人之一,他顾全大局、秉公办事、爱护和关心青年人的优秀品质我都有刻骨铭心的亲身体验。

当代女散文家乔叶写过一首诗,题目是《自己的命运是自己选择的!》,我很喜欢,其中有这样一段:"选择了勤勉和奋斗,也就选择了希望与收获/选择了纪律与约束,也就选择了理智与自由/选择了痛苦与艰难,也就选择了练达与成熟/选择了拼搏与超越,也就选择了成功与辉煌!"

赵其国

2014 年 2 月于南京土壤所

赵其国院士

赵其国院士与采集小组合影

目 录

图片目录

导　言

　　中国自古以农立国，但清末以降，农业衰落而民生憔悴，许多有识之士如谢家声、蓝梦九等认为，要治理农业上日益颓败的国势，必须从研究治理土壤开始。而近代土壤科学于 19 世纪发端于欧美，后逐渐传入我国，经过半个多世纪的译介西方和日本农业科技著作，国外先进土壤科学方为学界所认知。1929 年金陵大学农经系着手研究中国土地利用问题，需要土壤资料，请美国土壤学家肖查理(Charles Shaw)来华，做长江中下游和黄河下游土壤概测调查，此为我国土壤调查之先声。

　　1930 年 7 月 2 日，中华文化教育基金董事会第六次年会在南京召开，决定拨款 10 万元委托农矿部地质调查所举办全国土壤调查，地质调查所因此聘请国内外专家并成立土壤研究室，开始对中国土壤进行系统的调查与研究，这是中国近代土壤科学研究真正开始的标志。此间，无论举办全国土壤调查还是成立土壤研究机构，翁文灏都起了关键作用，而且主要也是由他具体操办。除着力为土壤研究室罗致研究经费和办公用房外，还培养了侯光炯、侯学煜、李连捷、李庆逵、熊毅、马溶之、席承藩等国内第一代土壤科学家，他们在土壤调查、土系鉴定和中国土壤图制作等方面都取得了令人瞩目的成绩。

1950 年 4 月,农业部在北京召开全国土壤肥料会议,明确提出土壤调查及研究、荒地合理利用、水土保持和肥料四个方面的任务,对新中国农业和土壤肥料科学工作具有重大的指导意义,也成为这一阶段土壤研究室的主要工作内容。自 1950 年 5 月至 1951 年 4 月,用一年的时间组织 5 支调查队分赴东北、湘赣、淮河流域、华南及西北进行土壤调查,以解决生产实际问题,垦荒培肥以增产粮棉。

赵其国是我国著名的土壤科学家、中国科学院院士。1930 年 3 月 24 日出生于湖北省武汉市。抗日战争时期,就读于重庆市广益中学,抗战胜利后,回到武汉市,在武汉市上智中学高中毕业。1953 年毕业于华中农学院农学系,分配到中国科学院土壤研究所工作。长期从事我国及世界土壤地理与资源研究,对热带土壤发生分类、资源评价等进行了系统深入的研究。在热带土壤发生研究中,首次明确提出中国红壤具有古风化过程及现代红壤化过程两种对立统一的特征。指出运用红壤渗透水组成、游离铁等作为红壤化过程指标的重要性,对红壤的发生研究与定量分类提出了新的途径。总结了以橡胶为主的热带作物开发利用与红壤分布及土壤性质的相互关系,首次提出以热量条件、土壤性质为标准的热带作物利用等级评价方案,为制定热带作物发展规划与布局提供了可靠的科学依据。近年来,为促进土壤学的发展,提出了"土壤圈"研究的新方向,建立了"土壤圈物质循环开放研究实验室"。在长期参加南方红壤研究的基础上,通过系统总结,提出土壤分区整治、退化土壤改良以及土壤生态与环境评价的多种规划及开发方案。

天然橡胶在军事工业等重工业上一直是人工合成橡胶无法替代的重要物资,新中国成立前,我国没有自己的橡胶种植业,完全依靠进口。新中国建立之初,在外国对华封锁的形势下,处境十分困难。1953 年,刚出校门的赵其国,就参加了全国具有战略意义的橡胶宜林地调查。在老科学家的带领与指导下,与一大批热血青年深入到雷州半岛、海南岛、西双版纳等深山密林中开展工作。1958 年,赵其国担任考察队的领导,开展了定位观测研究。通过长达 10 年之久的野外调查、研究,总结了以橡胶为主的热带作物开发利用与土壤分布及土壤性质的相互关系,提出了以热量条件、土壤性质为标准的热带作物利用等级评价方案,为制定热带作物发展规划与布局提供了科学依据。他所参加的"橡胶北移栽培"研究,1982年荣获国家科委颁发的发明一等奖。

1965年,根据中古科学院协定,赵其国奉命到古巴从事土壤科研工作。过去美国人曾在古巴进行过土壤研究,但有组织、有系统地全面开展土壤研究,是从中国专家援古后才开始的。赵其国在古巴先后担任专家组副组长、组长。他除领导创建古巴土壤所、培养干部外,还负责进行古巴土壤性质、土壤地理及资源利用的深入研究。首次对古巴土壤地理工作进行系统总结,对该国土壤资源评价、土壤发生分类等提出新的概念,最后完成了1:25万古巴土壤图及《古巴土壤》专著,由古巴科学院正式出版。这两项成果不仅对古巴的土壤研究具有重要指导意义,而且在国际土壤学界产生了影响。

1970年代初,周恩来总理曾亲自部署向"北大荒"要粮的任务。当时组织了全国有关科技力量,在黑龙江省进行荒地资源考察,建立商品粮基地,力争向国家提供25亿公斤粮食。赵其国作为考察队队长,与科学院和省里数百名同志共同投入了这场战斗,在近80万平方公里土地上,连续工作了8年,选出了4 000万亩宜农荒地,指导当地开垦种植,不到5年,开垦荒地250万亩,增产粮食10亿公斤。在国家号召开发黄淮海平原时,赵其国亲自领导了国家攻关项目"黄淮海平原豫北地区中低产田综合治理开发研究",依据熊毅等老一辈科学家积累的治土改土经验,通过对8县近13万亩盐碱、风沙、洼地的治理开发,使这一地区的粮食产量和人均收入3年翻了一番。

长期以来,国内外土壤学者对红壤的成土条件、基本属性进行过大量研究,但对红壤现代成土过程的本质、物质迁移转化规律,特别是红壤发育年龄等问题尚未能深入阐明;同时过去对红壤研究多采用野外与室内的静态方法,缺乏长期定位与动态的系统研究,在论证成土过程与发育年龄上,也缺乏定量依据。为了进一步阐明红壤形成过程与发育年龄,赵其国在江西鹰潭中国科学院红壤生态试验站,利用排水采集器等装置,通过定位观测与计算机模拟,在我国率先开展了红壤水热动态规律、物质迁移与平衡的定位观察，并从动态与定量角度对其成土过程与发育年龄进行深入研究，先后发表论文百余篇，出版专著 4 本，多次获得国家及中国科学院的嘉奖。中国科学院院士任美锷、李连捷、吴征镒指出，"中国红壤及区划专著是我国当前热带、亚热带土壤研究的指导性专著，具有国际先进水平"。

此外，在赵其国领导下，中国科学院南京土壤研究所建立了世界上第一个"土壤圈物质循环开放研究实验室"，组织了一批青年科技骨干从事土壤圈物质循环的研究。为了扩大研究工作的影响和推动世界范围内的合作研究，他还创办了英文版的《土壤圈》(*Pedosphere*，1991 年 2 月创刊)杂志，向国内外发行。

《赵其国传》是对赵其国一生主要学术活动的回忆与整理，尤其对获得学术成就的过程予以详细阐述。全书以时间为纵线，从家世、中小学和大学的学生生活、华南橡胶宜林地考察、古巴考察到黑龙江荒地考察依次叙述，对他在红壤研究、土壤圈理论方面取得的成就予以详细阐述。据此，全书内容共分 9 章，第一章主要讲他在武汉出生、重庆成长以及幼稚园、小学、中学学习的情况；第二章主要叙述赵其国在武汉大学的学习和生活；第三章讲述他初到土壤所，怎样从一个农科的学生成长为土壤专业的科技工作者的过程；第四章详细叙述了他在华南参加橡胶宜林地考察的情况，包括在雷州半岛、海南和西双版纳等地的活动内容；第五章对他在古巴的援建任务进行阐述，怎样学西班牙语、怎样适应古巴的工作和生活；第六章主要讲述他在"文革"中下放以及带队去黑龙江考察荒地的情况；第七章对他在黄淮海平原攻关低产田的情况进行描述，回顾了当年会战攻关的情景；第八章对他在红壤研究方面的贡献予以阐述，提出土壤圈理论，提供了土壤学科新的研究方向；第九章主要对赵其国在国际交流和人才培养方面所做的贡献进行阐述；结语部分讨论了他在为学和做人方面所具有的优秀品质，揭示了他取得如此成就的原因。书中也汇集了赵其国亲闻亲历的历史事件，从中可以了解他对学术、社会和政治等问题的看法和心得，从一个侧面反映建国以来土壤学科的发展历程。

2012 年 7 月，项目开始实施，赵其国对采集小组的工作给予极大的支持。他以一贯的直来直去的态度说："你们需要我做什么，尽管说。"在寒来暑往的 300 多个日子里,采集小组根据采集办公室的要求和合同规定的目标任务积极组织实施,对口述访谈、证书、书信、照片、手稿、视频、著作等多个项目进行采集。在这个过程中,小组成员多次赴中国科学院南京土壤研究所采访赵其国本人、院士秘书陈家琼、学生和家人,到他曾经就读过的中学、大学多方采集资料。

采集小组搜集到赵其国在野外考察时用的野外考察笔记本 23 本,共3 255页有效记录。当年他在从事野外考察时,有专用笔记本,回来都要交单位资料室保存,有关橡胶宜林地考察的材料都属于保密范围。时过境迁,这些笔记本成为了解那段历史难得的史料,其中不仅包含考察计划、路线和相关工作总结等内容,也记录了一个非土壤专业的考察队员如何边工作、边学习最后成长为一个专业人员的过程,是土壤科学考察的科研工作笔记,反映了赵其国 10 多年的工作情况。其中最主要的记述,是其从 1953 年开始的华南热带、亚热带考察工作,包括雷州半岛、海南和西双版纳以及广西、贵州的部分地区,前后持续 10 年左右,记录有关橡胶宜林地的寻找、确定和种植的情况,十分详细。赵其国还有记日记习惯,日记中有工作、生活流水账,也有个人心情抒发等内容,十分珍贵,但因有些内容本人不愿意公开,因此提供给采集小组复印件 1 份,共 94 页。主要记录的是 1982 年以后至现在的情况,包括担任所长、当选院士的情况,其中有关家庭和单位的人、事以及他本人的心理活动情况。这些都为传记的完成提供了重要的史料基础。

同时,采集小组还查阅了他的人事档案、科技档案以及其他涉及的相关人员的文字资料,补充了部分数据材料。由于时间跨度长,很多纸质材料大多已难寻其踪,但赵其国保存了相当多的电子文档,这部分内容主要集中在记录他近 10 年的活动情况。另外,赵其国在世界各地考察,照片较多,其中反映其学术活动的照片就有 200 多张,真实记录了其几十年的学术成长过程,采集小组选取其中能说明清楚时间、人物和事件的 208 张。书中插入的大量照片,反映赵其国在工作、学习、生活中的不同风貌,均由他本人提供并注明相关信息。

为方便读者,书中对主要人物、机构、事件进行注释,供读者进一步阅读时参考。附录还提供了赵其国年表、主要论文和著作等。限于笔者水平,对赵其国丰富而深厚学术成长经历理解不够深入,把握不够全面,还望读者批评指正。

杨 坚

2014 年 10 月于南京

第一章
渝汉两地辗转求学

　　赵其国出生在武汉一个比较富裕的家庭,但生不逢时,年龄尚幼时父母离异导致家道中落,又遇上日军侵华,一家人四散求生。少年时的赵其国随姑母在重庆、武汉等多地生活,幸得两位姑母疼爱,送入当时比较好的重庆广益中学和武汉上智中学学习。这两所教会学校管束极严,师资设备皆优,加之赵其国不敢辜负姑母期望,努力学习,成绩品行都很优秀,得到大家认可。因早早住校生活,养成了独立处理各种问题的能力,为未来发展奠定了基础。

家　　世

　　1930 年 3 月 24 日,赵其国出生于武汉汉口一个富裕的家庭。他祖籍是江西景德镇某乡赵家大湾人,祖业是驾船为生,到汉口来的祖先是驾渔船的,一直到 1950 年代初,第八代人伯父赵玉章等还是没有离开驾船的祖业,到赵其国这一辈已经是赵家到汉口的第九代人①。他出生时,曾祖父和祖父

---

① 赵其国人事档案,姑妈赵竞立家信。藏于中国科学院南京土壤研究所人事处。

主要在长江上做煤驳运输的生意,经营自有的运输公司"赵义记",共有小轮船、驳船(木船)数十艘,雇人近百名,常年在长江上运煤、大米和一些生活用品,到祖父接管经营时,有大小船只20余条,在武汉当时可能也算得上是一个比较大的船运公司,"听说当时整个武汉私商轮驳生意均为他一人所占。"①

　　曾祖父赵金元、祖父赵玉元,皆勤俭持家,精于周旋,生意做得风生水起,全家住在武汉汉口后花楼街,就在江汉关旁边最热闹的一个地方。江汉关是一座具有希腊古典式和欧洲文艺复兴时期建筑风格的建筑物,大楼四周的建筑物都要低很多,故江汉关特别引人瞩目。后花楼街离江汉关不远,紧邻当时国内最大的内河码头,既热闹又方便港口运输生意。花楼街是民国初年汉口最繁华的商业街区,紧邻租界,商业兴盛,人口稠密,茶肆、酒楼、杂货铺、金号银楼林立,因为这条街上多半是砖木结构的楼房,屋檐和梁柱上涂绘彩色花饰,并将门窗雕镂成古香古色的图案,被称作花楼。民国初年的《汉口竹枝词·歆生路》中描绘当年其繁华景象:"前花楼接后花楼,直出歆生大路头,车马如梭人似织,夜深歌吹未曾休。"②

　　1861年汉口开埠,到1911年民国建立,50多年的时间,汉口内外贸易不断发展,进出口货物种类日益繁多,货运量大幅增长,这不但刺激了长江航运的发展,也为民族航运业的兴起与革新提供了动力与契机。赵家的"赵义记"煤驳运输公司就是在这样的背景下逐步成长起来的。曾祖赵金元当家时,家里比较兴旺,他一改子承父业的做法,执意将儿子赵玉元送到日本留学,希望他能通过读书获取功名,未来光宗耀祖。谁料到曾祖父年纪轻轻即患病去世,赵玉元只得从日本回国,停学在家接手曾祖父的生意,继续经营驳船运输。

　　祖父赵玉元共育有3个子女,第一个是赵其国的大姑母赵竞立;第二个是父亲赵玉麟;第三个是小姑母,当地称作娘娘,名叫赵毅立。由于长期操劳加之时疫流行,祖父母竟也一病不起,医院束手无策,二人相继去世。祖父去世时赵竞立只有9岁,赵玉麟只有7岁,赵毅立4岁,3个孩子均由曾祖母抚育,将就领着做生意、糊生活。几年后曾祖母也染时疫去世,留下半大

---

① 赵其国人事档案,入党思想汇报。藏于中国科学院南京土壤研究所人事处。
② 徐明庭等:《民初罗氏汉口竹枝词校注》。武汉出版社,2011年,第8页。

不大的姐弟3个，赵玉麟整天跟一帮狐朋狗友在外浪荡玩乐，经常不在家，基本上家里家外的事务就由赵竞立操心。

中国的传统都是儿子当家，女儿是不可能当家的，但因为弟弟不争气，赵竞立只好勉为其难，开始顶着家里面的一些事务，但是还没有真正当家。赵玉麟是家中唯一的男孩子，又是无父母管束的独生子，所以一切都由着他，要什么就是什么，不读书，只喜欢到处顽皮，性情特别坏，长到16岁时又被一班流氓引诱，开始嫖赌吸鸦片烟。他原名赵齐林，后来自己改名赵玉麟，17岁时与曾亚芬结婚，18岁生赵其国，因为他小的时候被惯养得一塌糊涂，长大以后也就是一个浪荡公子，生活比较腐化，一贯骄淫成性，成天在外嫖赌，不务正业，耗费钱财不计其数，不长时间就把家里面的财产都败光了。

曾亚芬也是富贵人家小姐，家中田地无数，所以嫁到赵家来以后，平常也是整天在外打牌看戏，家里事情很少过问。赵玉麟与曾亚芳结婚不到一年就纳妾，因此闹得家宅不睦，经常打骂不休。赵其国过两岁生日的时候，家里面条件还相当好，来的人、送的东西都很多。前后也就两年时间，整个家庭坐吃山空，驳船卖的卖、抵的抵，还有些借给人家经营赖了不还的，失去了收入来源，赵家无奈破产，全部瓦解。

赵其国的叔父、伯父中伯父是远亲，比较远的远房，叔父则稍微近一点，原先都在"赵义记"轮驳运输公司里参与经营，经常互有往来。到赵玉麟当家时，大家都看不惯他，慢慢地就都分开了，叔伯兄弟之间常常因为经济纠纷闹的矛盾很大，最后各自退股，把船都拉走自行经营别的运输公司。"赵义记"这个牌子也就垮了，但是赵其国的伯父和叔父自己经营的小运输公司，后来逐步发展起来，解放以后称为"大众运输公司"，一直经营到公私合营为止，此是后话。

童年在武汉

赵其国从记事开始，就知道家里经常有人上门来逼债，家庭经济情况已是大不如前,基本上算是破落了。当时虽然还有一两条船,但外面讨债的、逼债的很多,逼到最后,姑妈赵竞立就觉得十分困难,一个女人撑这么一个大家庭,实在难以为继。从曾祖父至祖父,虽然是驾船做生意出身,但十分重视子女的教育。赵竞立上的是新式学堂,一直上到高中毕业,文化程度在当时算是很高的,写得一手漂亮的毛笔字,这在当时很不简单,也算知识分子,比较有见识,当家比较稳重,但再勉力维持也架不住家里有人抽鸦片。

母亲曾亚芬从大小姐到少奶奶,平常也不管家,一天到晚在外面打牌,跟在别的一些妯娌之间乱混,整天不在家,加上丈夫赵玉麟当家又不管事,一会儿纳妾,一会儿在外面鬼混,所以两人一回来就吵架、打架,闹得不可开交。赵竞立一人根本支撑不住整个局面,亲戚纷纷自行经营,家里面经济状况越来越不景气。几年后,曾亚芬又生了一个女孩子,取名赵旭华。还在怀孕的时候,父亲与母亲就闹离婚,因为当时小孩怀在身上不能离,等到女儿出生以后,二人之间吵架打架更厉害,对儿女根本不管不顾。

因为放在家中无人看管,曾亚芬又要出门打牌看戏,所以就整天把女儿带在身边,到外面去打牌。后来,赵旭华才十多个月大的时候就生了一场病,其实可能就是受了寒热,有点感冒,但因为不重视,天天发烧,没有及时就医,导致五官残废、变成聋哑,终身不能讲话。赵玉麟一直不承认这个女儿是自己亲生的,为这个夫妻之间也没少吵架,最后实在没办法,二人离婚。虽然办了手续离婚,但曾亚芬一直还住在家里,并没有搬出去住,直到改嫁。

离婚前,曾亚芬就与自家楼下一个住客比较熟识,名叫王孝如,是棺材铺的一个经理,单身一人在武汉做生意。之前两人经常在一起打牌,相处得也不错,王孝如平常闲功夫不少,嘴巴又会说,常与赵家女眷打成一片,因此深得曾亚芬赏识,与赵玉麟离婚后不久,即改嫁于他,随后二人一起搬到重庆去生活。自此以后,赵其国就很少跟母亲有接触,她也从来没有关怀过儿子。在童年最需要父亲母亲爱护的时候,赵其国的家庭生活却一塌糊涂,父亲也就是偶尔两三天回来一次或者个把星期回来一次,一回来就是吵架、打架。所以,赵其国小时候,可以说很少享受过父爱和母爱。

但是大姑妈赵竞立对赵其国的关心、爱护和影响等于是他的再生父母一样。1934年2月,赵其国被送进圣保罗幼稚园(今武汉江岸区南京路幼儿园)接受启蒙教育,这家幼稚园是 1922 年美国基督教圣公会在汉口开设的,在当时各方面条件都算是比最好的一家幼稚园。平时所设科目一般为谈话、手工、游戏、唱歌、识字、计算等 6 个,因为是教会开办的幼儿园,所以还有一些教会的活动,如做礼拜、唱赞美诗、讲圣经故事等,也教一些简单的英文,其中不少教师都是由传教士担任①。对于上幼儿园,赵其国还有一点记忆,但对启蒙教育方面的内容记得并不很多,只记得当时在学校里面一起玩的几个同学。

家里情况一直没有改观,只是越来越差,两个姑妈也各自想办法各奔前程。兵荒马乱的,赵竞立一个人实在撑不了这样一个大家庭,感觉自己年龄也不小了,家中也没有大人,就自己做主把自己嫁了。姑父叫武诚礼,当时在武汉海关工作,担任江汉关税务司副司长。武诚礼人不错,赵竞立又有文化,而且赵家在武汉还是一个大家族,所以两人都比较满意。结婚以后,赵竞立就搬出去住了,自此也很少回来关照幼年的赵其国。1936 年夏天,武诚礼调到重庆海关工作,担任高级职员,赵竞立也一起随同搬到重庆生活。小姑妈赵毅立也自己决定离开家到河南信阳义光女中读书,后辗转到重庆谋生。

1936 年 9 月,赵其国进入汉口扶轮小学读书。民国时期,大凡铁路部门创办的中、小学校,都统称为“扶轮中学”或“扶轮小学”,在全国各铁路管区都有,其实就是全国铁路系统的职工子弟学校。冠以“扶轮”二字,以示铁路系统是一家,这是民国时期铁路职工子弟中小学的专用名称。因为当时铁路系统经济条件较好,因此所办学校各项设施均较优良,课程正规,管理也比较严格。学生的生活实录册上除有学业成绩记载外,还有性行考查记载,每学期都有不同的评价。

1937 年,日本侵略者的炮火打破了很多人平静的生活,南京告急,武汉危在旦夕,一切正常的秩序都被打乱。当形势一天比一天紧张的时候,大家都在准备向西转移,迁往四川大后方,这是当时沦陷区人的最佳选择,又是许多人可望而不可及的事情。那时乱得很,赵其国也不知父亲在哪里鬼混,

---

① 武汉地方志编纂委员会主编:《武汉市志·教育志》,武汉大学出版社,1991 年,第 127 页。

反正看不见人影,家里看不到一个可以做主的大人。大姑妈在重庆,心里一直还惦记着在武汉的赵其国兄妹二人,多次托人带信来,催他们赶快去重庆以避战火。当时通信不便,很多时候都是姑父武诚礼通过海关的关系,托人找到赵家。

在离开武汉的前一天,赵玉麟回到家中。赵其国清清楚楚记得,父亲到汉口家中,带上自己到街上买了两套衣服,又买了一点水果,并亲自将一对儿女送到准备前往重庆的船上,交给堂兄弟家的一位亲戚照看。赵玉麟还很细心地在赵其国的背后贴了一张纸条,写上姓名和联系人,并再三交待船上的亲戚方才离去,未料此次一别竟是父子最后一别,此后再也未曾见面。

将儿女送上船以后,赵玉麟马上打电报告诉在重庆的赵竞立,告之船期,请她到时去码头接回家里,并安排好生活。赵其国溯江而上,坐了3天时间的船,中间在宜昌和万县都停了一次,上下人货,最后才到了重庆。这样的旅程,事隔几十年,赵其国仍然记得很清楚,因为这是他跟父亲见的最后一面,也是小小年纪第一次独自出远门。在漫漫长河上的数个日夜里,几年来碰到的国事、家事不断在脑海中翻腾,少年赵其国在不知不觉中成长成熟起来。

求学重庆广益中学

到重庆以后,妹妹赵旭华随母亲曾亚芬生活,赵其国则跟大姑妈赵竞立一家一起生活。大姑妈家条件比较好,因为姑父在重庆海关担任比较高级的职员。但在重庆没有住多久,因为姑父工作调动到四川宜宾的海关任职,全家又一起迁到宜宾,住在宜宾市的东城镇。1937年9月,赵其国在宜宾市东城镇中心小学继续读书。因为处在抗战时期,日本人有时候要来轰炸,一般隔一个星期就要来一次,一拉空袭警报就得躲,开始日本人来轰炸还不是很频繁,到后面慢慢就频繁了。

住在城外各方面条件都不是太好,生活上工作上很不方便,后来考虑许久,姑父决定还是搬到城里面住。但全家搬到城里面以后,小学就离家比较远,差不多有 10 公里,来回就是 20 公里,赵其国每天上学放学极不方便。姑父与姑妈商量以后,就给赵其国调整了一下,让他干脆在学校住读。这样,赵其国平常就住在学校里,每个星期六回家一次,整理整理衣物,增加一点营养。临走去学校,再带一点咸菜或者其他什么酱,称作"私菜",就是每个住校的人都拿一个小陶坛子装着咸菜,有好有差,不过那时条件艰苦,大多数同学的私菜都差不多,带到学校就着稀饭馒头吃,自己给自己加点餐。品种都差不多,无非咸菜或者豆酱,好一点的人家可能会带点咸肉、咸鱼或者香肠之类的,不过太少了,大多数都是咸菜和酱。平常吃饭就在学校,学校里有个食堂,供应 3 顿饭,但是根本没有什么好菜,学生也就是填饱肚子而已。饭钱都是姑妈交的,也不知道每次要交多少,只是有时在家,听到姑父和姑妈两个人为生计轻声拌嘴,约略知道自己住校读书肯定需要花点钱。

由于赵其国是赵家长孙,所以幼时两位姑妈对他极为疼爱,一心要他刻苦读书,并加以严格教管。要求在学校的功课每门都要达到 80 分以上,品行成绩不准低于甲等。记得有几次考试不及格,结果回家挨过痛打。所以,一方面是时世纷乱,父母不管,由姑妈照顾来读书已属不易,不发奋努力说不过去,另一方面姑妈管教很严,也不给他偷懒的机会。因此,赵其国在学习中,"虽然不懂,但也要死背,争取分数。虽然调皮,但也要装得规矩以赢得优良的品行成绩。"①正因为这样,赵其国在学校学习期间,一直保持着良好的成绩。

1942 年 2 月,赵其国从宜宾东城镇中心小学顺利毕业以后,6 月进入宜宾县县立第一中学初中部继续学习。不久,姑父又调到泸县(现四川省泸州市)工作,赵其国也转到泸县郊外的一所学校学习,因为时间很短,已记不清是哪所学校。1943 年春天,全家从泸县回到重庆。姑父回渝以后,在长江南岸的重庆海关工作,全家都搬到长江的南岸。相对来说,重庆北岸比较繁华,南岸在长江对岸,经济发展情况就差一点。南岸上面有一座山,离江面较高,大约有 300 多米,因此叫南岸。

---

① 赵其国人事档案,入党思想汇报。藏于中国科学院南京土壤研究所人事处。

广益中学就建在南岸的南山上，它的英文名字叫 Friends High Shool，原本是一所教会学校。赵其国"从小进的学校都是教会学校，这是因为姑妈、娘娘他们认为这种学校规矩些，学生用功些，因此有时他们宁可变卖度日，也要坚持送进此学校。"①广益中学学费很贵，一般在该校上学的人家里非富即贵，按理说赵其国姑妈当时并没有这样的能力送他入学。恰好姑父在重庆海关有熟人，介绍赵其国到广益中学就读，学校免除了他的学费，对普通家庭来说，这是很大的一笔钱。广益中学当时费用全年 130 元银元，分两期交付，"其中学费 30 元、伙食费 64 元、杂费 8 元、住宿费 8 元、服装费 10元、图书阅览费 4 元、印刷资料费 4 元、卫生费 2 元。"②单就伙食费而言，全年仍需 64 块银元，相当于当时普通人两个月的工资。

广益中学前身是 1894 年英国伦敦基督教公谊会重庆分会在重庆城内创办的广益书院，1898 年改称广益学堂，1904 年时任英国伦敦基督教公谊会总干事陶维义由英国来重庆，募款建设新校区，更名广益中学。几经波折，1926 年，杨芳龄正式出行任校长，逐步将一所教会学校转变成私立中学，取消《圣经》修身课，虽然仍在用餐时祈祷，每周做礼拜，但已不属校规，也未强制学生参加教会。1930 年，杨校长邀请军政、教育、财经、实业各界有威望的人士为校董，成立了第一届校董会，办学经费依靠收高额学费和校董会筹集。在此基础上，逐步扩大规模，办起了高中。尽管经费有限，杨芳龄始终重视学校建设。至抗日战争中期，广益中学学生达 800 人左右，多为住读，实验设备、体育设备一应齐全，藏书达数万册，"已成为当时重庆设备和环境最优越的学校之一"③。

广益中学校舍建在山上丛林深处，园林化的校园内，奇花异草，万紫千红，蜂飞蝶舞，鸟唱蝉鸣。夜阑人静时，尚闻松涛滚滚，几疑身在大海。来学校的人从长江边的龙门浩上山，爬上黄桷垭，已经汗流浃背。一旦进入校

---

① 赵其国人事档案，入党思想汇报。藏于中国科学院南京土壤研究所人事处。
② 重庆市南岸区政协文史资料委员会、重庆市广益中学校、广益中学校史研究会编：《重庆南岸文史资料（第九辑）——纪念广益中学校建校 100 周年专辑》，1993 年，第 98 页。
③ 重庆市南岸区政协文史资料委员会、重庆市广益中学校、广益中学校史研究会编：《重庆南岸文史资料（第九辑）——纪念广益中学校建校 100 周年专辑》，1993 年，第 89 页。

门,路两边松柏参天,即使遇上三伏酷暑,也让人倍感幽静凉爽。沿着阴凉的石板路,拾级而上,伴随着悦耳的鸟鸣,展现在眼前的是宏大的教学楼,文峰塔下山窝里的运动场,无边无际的大片松树林。优美的校园和优良的读书环境,给每一个到广益中学来的人都会留下极深的印象。

1943 年 9 月,赵其国进入广益中学初中二年级学习。当年全校只有春、秋两期从初一到初三的 6 个班,200 多学生统在一个大自习室里早晚集中自习。每人有固定桌椅。毕业班有单独的小自习室。校长、教务主任、训育主任、值班级任(班主任)轮流按时点名。楼上是办公室和师生宿舍,楼下是教室、自习室。教室按课程而不按班级分配,如数学教室、理化教室、生物教室、史地教室,这是广益特色之一,教室内存放着有关的书刊、挂图、资料、仪器。校图书馆有丰富的中外图书,如《二十四史》、《万有文库》、各类辞典以及《大英百科全书》。实验仪器可谓应有尽有,仅显微镜就可每人 1 台,这在其他学校是十分罕见的。

广益中学校方十分重视课程师资力量的配置,杨芳龄校长当时延揽、征聘了不少因抗日战争内迁的优秀教师,不惜重金聘用高水平教师以提高教学质量,数学家何鲁、作家黄朝阳(碧野)、赖以庄等,都先后在广益中学任过教。不仅数、理、化、语文、英语师资都特别强,吴子龄的地理课,更可称之为一绝。他上课时极其严肃、认真,让人不敢掉以轻心,讲课内容也很有吸引力,对于各班学生一律要求随听讲、随作笔记,课后再加整理、誊清,附上自己绘制的地图。他的课要求学生必备地图,会看地图,决不允许闭着眼睛空学。他的板书很讲究,一个章节完了,都有他自编的一小段结束语,既有归纳,也有评论,就好似《聊斋志异》作者蒲松龄之异史氏曰之类的结束语,十分引人入胜。那时学生都到黄桷垭场(镇)上买一种名叫"水纸"的极薄而有韧性的透明纸,誊清笔记。一学期下来,笔记可以订成厚厚的一本。在吴子龄的课上,从小练就的记笔记的本事,对于赵其国日后的学习和工作,都有很大的帮助。

教会学校授课大都是用英语,广益中学本身对英语也比较注重,大多数课本都是用的英语课本。老师有时讲中文,但是主要用英语讲。假期如果不愿意回家,就可以住在牧师家里。学校里有好多牧师、嬷嬷,也不是专门指定某一家,学校里好多学生都愿意去,不是为了去学英语,而是混一点小点心吃吃,不过凭那一点点面包、饼干之类实在吃不饱。假如真的想学英语的话,那就会学得很好,因为在那里日常生活全是用英语,可以在不知不觉中把英语学到手。

广益学生一律住读,家住附近也不例外,学生宿舍,低年级睡单人木床,30多人住一间,中、高年级睡钢丝床,4至12人住一间。学校管得很严,进去以后,校门口就有一个人看住,学生不能随随便便进出校门。想出学校,一般要等到星期六或者星期天才给出来,平时不能随便出来。如果想在外面买一点小吃,有小贩会挑一点豆腐干之类的东西,进来在学校里面卖。学校外面是一个小街道,街上还是有一点东西可买,但是学生们不能出去,老老实实地关在学校里头。

图1-1　赵其国在重庆广益中学就读时留影(1945年)

当时广益中学管得很严,老师打人用的一种工具是竹子做的,就是一截毛竹,一头劈开成4片,另一头拿在手上,有的用绳子缠一下,也有不缠的。打人的时候,挨打的人要把手伸出来,手心向上,打手心,这个手打5板,那个手打5板,两个手打。还有就是罚跪,罚跪以后面对着墙罚站。所以大部分学生都是规规矩矩的,从来不闹事。但在赵其国上初三时,有一位物理老师,他打班上一个调皮的同学,打得很厉害,后来同学们就罢他的课,学校没办法赶他走,结果他又把另外两个同学打手心打肿了,同学们不干了,就不上课,闹到最后,学校的教导主任出来训话,也就算了。

广益中学有几个特点:一是比较严谨,不参加所谓的闹课,比较稳定;二是化学、英语、数学、物理等基础课程学得比较好;三是跟着外国人学到他们良好的生活方式,顺带将英语学得很好;四是同学之间感情比较深,因为假期经常一起在牧师家生活,赵其国交了几个较好的朋友。1945年初中三年级的时候,赵其国加入同班部分同学组织的"旭雯社",这个社是由一些兴趣相投的同学组织的,主要是篮球队的队友,平常经常在一起打球、郊游或聚餐,主要有郑尚权、郑世昆、包宗华、张天文、张木欣、肖光荣、刘德华等人。

　　广益中学淘汰率很大,曾有班级入学时全班 60 人,毕业时只剩下 18 人。学校实行学分制,每期须修满 36 学分,不同年级略有差别,其中国文、英语、数学各 6 分,其余学科为 1 或 2 学分。不及格的课程超过 3 科或 8 学分者留级,不超过者补考,补考仍不及格者留级。从未听说有照顾升级或照顾毕业的不正之风。严格的淘汰制确保了毕业学生"品学兼优"。每期期终考试完学生放学回家前,家长已收到"成绩报告单"。总有人得到不愉快的评语:"品学俱劣,下期毋庸返校"[①]。但赵其国学习成绩及各方面表现一直很好,"我思想却非常明确:无论如何,我必须应付学习,并保证获得一定的业务与品行成绩,否则对家人讲,我将会遭到极大的不幸。为此,我仍善于抓紧时间学习,特别是在考试前,成天苦读苦背,最后毕竟争得了良好的业务成绩。在这样的情况下,非但赢得了老师对我的好感,在品行上对我有良好评价,而且正因为我学习努力,一直指定我担任全班的级长。"[②]

　　1945 年 9 月,赵其国升入广益中学高中部继续学习。其时日本投降,历时 8 年的抗日战争宣告结束,全国人民都喜气洋洋庆祝胜利,不过学校里并没有大的变化,依然一如既往地响着悠扬的钟声。广益中学实行淘汰制,初一招 3 个班,到初三时只有 1 个班,升高中时如读本校,还照常进行升学考试,高一招 2 个班,到毕业时只剩下 1 个班。赵其国凭优异的成绩升入广益中学高中部学习,给自己的未来发展奠定了坚实的基础。

抗战时期的重庆生活

　　抗战时期,大量人员涌向重庆,重庆虽然在城市建设、工业经济方面发

---

① 重庆市南岸区政协文史资料委员会、重庆市广益中学校、广益中学校校史研究会编:《重庆南岸文史资料(第九辑)——纪念广益中学校建校 100 周年专辑》,1993 年,第 57 页。
② 赵其国人事档案,入党思想汇报。藏于中国科学院南京土壤研究所人事处。

展很快,但随着战争的进行,市民生活也越来越艰难,住房困难、交通拥挤、物价上涨和生活用品匮乏成为越来越普遍的社会问题,深刻地影响着普通市民的日常生活。在重庆,"谈到物价,其飞涨程度可使你老大吃惊。本来物价飞涨是受生产力、汇价和通货、运输与操纵等各种因素的鞭策而造成的。现在日用必需品的物价,如最普通的蓝布涨至每市尺1.1元,零售的煤油要卖三个法币一市斤,其他奢侈及消耗的商品,更不必论了。"①这样的生活状况,连年少的赵其国也深有感受。

大姑妈与姑父结婚以后,连续生了3个儿子,加上姑父之前是结过婚的,前妻去世后,还留下一个女儿,大大小小一共有4个子女,再加上赵其国,总共有5个孩子。俗话说"半桩子,饭缸子",5个孩子中有2个正是长身体、饭量大的时候,还有3个是非常幼小需要额外照顾的时候,每天一睁眼,全家7张嘴等着。姑父一个人在海关工作,就是收入再高,也还是工薪阶层,在物价飞涨的情况下,根本不可能负担这么多人的生活,何况还处在战争时期,经济状况也不好,所以对他们来说,生活还是很艰难的。即使赵其国在广益中学的高额学费已免,但伙食费还是要交的,每月所费不菲,可以说大姑妈家里对他的帮助已经达到极限。

虽然在家里面,姑妈对赵其国有所偏爱,但是5个孩子,每一个都是心头肉。生活变得越来越艰难,所以赵其国也非常体谅姑妈,从来不说在外面没钱花,很少在家里跟他们要钱,尽量避免让姑妈为难,都是姑妈主动给赵其国伙食费和零花钱。过年的时候,姑妈和姑父要给孩子们买衣服、分糖果什么的,赵其国有的时候就听到,在年三十晚上分糖果的时候,尤其分得不均的时候,就听到姑妈与姑父发生不愉快,甚至争吵。即使平时在家中吃饭的时候,饭桌上特别能体现出来长辈的偏爱,小的孩子不大感觉得到,赵其国已经上中学,自然能体会个中滋味。

赵其国的小姑妈赵毅立,比大姑妈小5岁,在河南信阳的义光女中高中毕业后到重庆来与姐姐会合。来了以后,小姑妈原来学校的同学,一个非常要好的女同学叶懿莹,家里原来是做生意的,开面馆、卖豆皮,就是武汉的豆

---

① 思红:"重庆生活片段"。《旅行杂志》,1940年第4期,第9页。

皮,一种廉价味美的小吃。到重庆以后,小姑妈也没有找工作,因为手上还有些积蓄,就出钱给叶家做生意,借此维持生活。店里人手不多,小姑妈也就在店里帮忙,前后照应着一起忙活,平时也就住在叶家的店里,与她们在一起生活。

在重庆时,赵其国从学校回来以后,有时到大姑妈家里去,有时候也到小姑妈那里看看,张罗一下。小姑妈对这个有出息的侄子十分喜爱,经常在别人面前提起他,夸他聪明懂事会读书。在叶家面馆里的时候,赵其国还帮她们做做生意,打打下手,因为正是嘴边上隐隐约约开始长胡子的年龄,平常在学校经常打篮球,手上的力气用不完,就挽起袖子帮着打面条。打面条是个力气活,一团面放在案上,要用一根长长的竹杠反复压,平常都是叶家的伙计做,赵其国觉得到店里来就数压面条有意思,常常干得满头大汗。小姑妈心疼他,叫他多休息休息,不要伤了身,影响读书。赵其国总感觉精力充沛,浑身有使不完的劲,或许也是以这种方式感谢姑妈对自己的关怀与培养。有时晚了,赵其国就在店里吃一碗豆皮或者面条,有时小姑妈还要给零花钱,算是劳务费。

抗战时期日机频繁轰炸后方,为躲避日机轰炸,每当日机来之前,警报拉响,人们闻声躲避,故名"跑警报",形成了后方独特的"跑警报"生活。抗战时期,作为陪都的重庆,成为日机轰炸的重心,跑警报也成为重庆市民日常的重要组成部分。战时重庆长江与嘉陵江之间无桥,警报拉响时,"有的乘轮渡木船、过南岸上山躲藏,或顺流东下,到溉澜溪等地避难;陆上出口,只有一条沿嘉陵江西行的公路,阔佬的小轿车与客车、人力车挤在一块各奔生路,顿时车水马龙、人喊马叫,川流不息。"[①]有时上千人去躲防空洞,因为炸弹丢得很多,很厉害,往往是一批批的炸。重庆南岸还好一些,北岸的房子很多就整个炸掉了。老百姓经常钻在防空洞里面不能出来,没有吃的,而且住在里面空气混浊,呼吸也不好,有时候上千人,有时候几百人,好几次赵其国都是亲身经历的。有一次,赵其国跟着大姑妈和姑父一家住在一个防

---

① 中国人民政治协商会议四川省重庆市委员会文史资料研究委员会编:《重庆文史资料选辑—纪念抗日战争50周年专辑》(第43辑),1995年,第140页。

空洞里,选择在靠洞口的那一头,因为姑父比较有经验,知道要住在靠外面的地方,不让大家往里面挤。有的人不知道,也可能是害怕,就拼命往里面挤,里面地方小,人多,空气不行,有人就闷死了,那个防空洞里一次就死了3个人。因为是设身处地的经历,在赵其国心中成了刻骨铭心的记忆。但他总感到有朝一日人还是会好起来的,事情也会变得好起来。

在广益中学上学全部是住校的,星期五下午放假,星期天下午再回学校,下午六点钟关校门,迟了就进不了学校,晚自习的时候还要点名。广益中学在南山上,步行的话要翻几个小山坡,爬300多米高的山,一直垂直上去,山坡也很陡。除了步行,还有两种走法,一个就是坐滑竿,两个人抬的滑竿,比较贵,一般同学都坐不起;另一种方式是骑马,由一个马娃带着一匹马,坐在马上就往山上爬,上去下来都可以骑马。有时候姑妈给的钱省着点用,赵其国偶尔也骑马上下学。广益学生普遍喜欢骑马,当时从江边到学校骑马,仅作交通工具而已,同学们都不过瘾。于是一些同学趁校长不在时,溜出去骑马,东到清水溪、汪山,西到桐梓坪、老厂,南至南温泉,骑马成了广益学生传统的一"绝",学校虽有禁令,但未起作用。赵其国也偷偷与同学骑出去玩过一次,是同学帮他付的钱,没敢跟姑妈讲,因为她觉得骑马很危险,从来不允许。

住在学校里,被子、衣服都是自己洗,这些事情赵其国从小就自己干,很少拿衣服给别人洗。有同学换下来的旧衬衫不要了,赵其国看看合适就拿过来穿,根本没有钱买新衣服,在重庆几年穿的都是学校发的校服,冬天夏天都有成套的校服,免了好多烦恼。冬天也穿校服,一般是棉衣,服装的费用都包含在学费里的。学校收费比较高,赵其国一直是免交学费的,一开始是姑父通过人介绍进去,但后来主要还是因为成绩出色而免除的。因为当年的广益中学虽有"贵族学校"之名,但据称品学兼优的学生可以获免全部学费,成绩差者绝无"议价"滥收。

中学时期是人生发展的重要时期,学生人格的提升、人生观、价值观、世界观的确立和道德观的形成都是在这一时期实现的。赵其国好多生活习惯就是在这样的情况下养成的,因为赵其国的小学、初中、高中阶段,都是在没有父母的情况下,由大姑妈安排的。本来一家人在重庆虽然艰苦,但生活总算还是过得去的,怎料天有不测风云,人有旦夕祸福,1944年夏天,姑父因在乡间工作中暑,吃下数十粒消炎片,结果导致肾脏中毒病倒,1945年抗战胜利后不久即在重庆去世。姑父死后,大姑妈带着5个孩子,生活顿感困难,适逢很多人纷纷返回武汉,也想回去看看,另觅生计。考虑到赵其国仍在上学,不宜中断学业,大姑妈就托人介绍自己去重庆国立罗斯福图书馆工作。不过,图书馆薪水微薄,难以抵消物价飞涨的影响。1947年夏天,大姑妈考虑再三,还是带着赵其国和其他几个小孩坐船返回武汉。大姑妈作为海关职员的遗孀,回到武汉以后,住在海关安排的集体宿舍里,前后大约住了2年时间,因为也没别的地方可住,家里的房子都没有了。

武汉上智中学短期修习

姑妈赵竞立带了5个小孩回来,回来以后就一直住在海关的宿舍里,生活也挺艰难。到汉口时只剩下二十几两黄金,也是姑父死后衣物、家具变卖所得,因生活难以维持,乃将此钱存二伯父赵玉德处,每月取利息法币20余万以敷家用,当时3个儿子均进学校,全靠此利息及变卖私蓄首饰之类勉强过活。几位伯父、叔父,仅仅同一曾祖父,算起来差不多已快出"五服"。祖父赵玉元在世时,几家也曾经一起靠"赵义记"做轮驳生意,到父亲赵玉麟经营时逐渐分道扬镳,各自经营。当时赵其国家叔叔伯伯也开着船舶运输公司,他们本来没赵其国家公司大,但一直比较本分地经营着,加之彼时主要交通工具就是轮船,客货来往都很多,所以他们公司都开得很好。姑妈把这些金条拿出来,放到他们的公司里去入股,参与他们的股份,所得红利部分就作为赵其国的学费和生活费,并安排赵其国住到叔叔伯伯的家里去。

赵其国有3个叔叔,2个伯伯,每家都有很多孩子,表姊妹加一起就有一大串。因为在重庆中学没念完,伯伯叔叔们就说赵其国原来上的广益中学是教会的中学,武汉的教会中学是上智中学(现武汉市第六中学),于是就把他送到上智中学读书,把高中念完,这些钱也是从姑妈的金条利钱中出的。

一开始伯伯叔叔表面上对赵其国很好，毕竟姑妈跟他们是堂兄妹关系，还有一大笔钱存在公司里。另外，赵其国在一大群晚辈中间学习是最好的，人又规规矩矩，比他们的子女好多了，算是晚辈中的一个榜样。1947 年 7 月，赵其国进入汉口上智中学高中部学习，修完最后一年的高中课程。

汉口私立上智中学位于汉口球场路 64 号，是当时武汉三镇著名的一所贵族学校，校园开阔，校舍典雅，前临大片湖泊田野，侧面和背后与怡和村花园以及西商跑马场相连接，空气清新，环境幽静，是一个安心读书、舒心休养的好地方。学校很注重美化校园、充实设备，曾有学生回忆入校时的心情曰："矧上智虽曰私立而地址清静，校舍宏大，且闻设备周全，至若理化实验仪器尤杰出于武汉各校，必不吾负也，志遂决。"①

上智中学的前身是创立于 1903 年的德华学堂。第一次世界大战结束后，汉口德租界被收回，德华学堂也被接管改名为湖北省立汉口中学。1923年调整校名，更名为湖北省立第三中学。1933 年湖北省天主教总主教希贤（Eugenis masi）报请意大利政府，利用"庚子赔款"内拨款从德国东方学会买得德华学堂全部产权，于 1935 年在德华学堂原址创办一所男校，定名为私立汉

图 1-2　在武汉上智中学文组全体同学毕业合影（三排右 2 为赵其国，1948 年 11 月 24 日）

---

① 湖北省武汉市第六中学校史编写工作小组：《武汉六中九十年（1903—1993）》，1993 年，第 9 页。

口上智初级中学。1938年立案并成立高中部，正式定名为私立汉口上智中学。

上智时期学校办学的主旨不仅在于教授学生知识，更重要的是要培养学生平等、博爱、牺牲的精神，培养学生的道德操守和优秀品质。而训育、级训和操行都是上智中学对学生具体的道德要求和规范形式，也是培养学生良好人格的重要方面。上智将学生的操行与学生学业升降标准挂钩，学业成绩与操行成绩并重。将学生学业成绩及操行成绩分为甲乙丙丁四等，丙等以上为及格，丁等为不及格；对学业及操行不及格的学生，依成绩考查规定，分别降级、留级、退学。严格升留级制度，不仅有单个学生的留级，而且有"全班留级"的非常之举①。

上智中学与广益中学一样，也是比较好的中学，在那里历史、地理、文学之类，什么都学。赵其国的历史、文学的基础还就是回武汉以后在上智中学才打起来的。在广益中学主要在一些基础学科，如化学、物理、英语这些东西学得比较扎实。当然上智中学的英语也不错，赵其国的英语是班上最好的一个，能直接跟老师对话。有一次还在学校一次演讲比赛上用英语进行表演，题目是 Smoking and Gambling，就是讲吸烟和赌博的危害的，赵其国到现在还记得。

学校很重视学生的全面发展，既重视主科，也重视"体"和"乐"，上智的足球、篮球、排球和田径水平在武汉全市都是名列前茅的。同时，学校还不惜重金组成管乐队，聘请教员严格训练，从而不仅培养和发展了学生的音乐才能，也扩大了学校的影响。在上智中学高三教赵其国化学、物理的罗维岳老师，课余时间还教学生跳踢踏舞。

1948年，小姑妈赵毅立也回到武汉，跟叶懿莹一家又在汉口合开了一个小面馆。赵其国从上智中学毕业以后，感到给大姑妈带来的负担太重，决定搬到小姑妈那里去住，一起生活。因为中学毕业时间和武汉大学入学考试的时间刚好错开，连招考的时间也过了，必须要等第二年才能高考，所以就干脆补习了一年。赵其国每天复习功课，看书看到很晚，小姑妈就专门为他准备了一个房间看书。

---

① 湖北省武汉市第六中学校史编写工作小组：《武汉六中九十年(1903—1993)》，1993年，第9页。

第二章
武汉大学生活

1949 年 9 月，赵其国考入武汉大学农学院，虽非自己选定的志愿，但一样认真地学习作物栽培等农学课程，得到陈华癸等老师的赏识。同时，积极参加学生会的工作，组织各类学生活动，并在大学期间入团、恋爱，逐步显现出组织领导能力。

阴差阳错学农艺

赵其国的物理、化学和英语基础是在广益中学打好的，但是历史、地理和语文却是在上智中学有了更好的提高，这样到大学入学考试的时候，才能从容应付。当时参加大学的考试很不容易通过，像武汉大学这样知名的大学，招考非常严格，能通过考试进入大学学习的比例是 1.2%～2%。报名的时候，赵其国填了两个志愿：一是北京医科大学口腔医学，因为考虑当时做医生比较好，自己也很感兴趣；二是武汉大学农学院。结果两个学校都录取了，但姑妈坚决不同意到北京去上学，因为路太远，年纪轻轻的，去北京不放心，赵其国只好到武汉大学农学院报到。

国立武汉大学农学院成立于 1936 年,1938 年并入中央大学,抗战胜利后,武汉大学于 1945 年 7 月由四川乐山迁回武昌珞珈山,1946 年恢复农学院,院长为著名林学家、国立武汉大学建筑设备委员会委员、选定珞珈山校址的叶雅各,同年秋恢复农艺系,增设森林系,并开始招生。1948 年增设农化系和园艺系,并开始招生,当时有教职工 40 余人,学生 200 余人[1]。

　　1949 年 5 月,武汉解放,武汉大学农学院掀开新的一页,由杨显东任校务委员兼农学院院长。1949 年 9 月,赵其国进入武汉大学农学院学习。武汉大学农学院有农学系,还有一个是园艺,一个是栽培,赵其国入学以后发现系与系之间、专业之间也没有完全分开,到了大学二年级的时候才开始分专业,开始的时候大家都在一起上课听讲,学的基础课都是农学方面的课程。赵其国对农学其实并不感兴趣,对农学的兴趣是慢慢培养起来的,感觉这也是一条出路。本来赵其国还有一些想法,认为自己应该向文学方面发展,觉得从文科方面发展更容易一点,真正从理科方向,数学、物理虽然学得还不错,但是好像对物理化学反应之类的东西不够敏感。谁知阴差阳错,还是要跟这些科目打交道,赵其国只得耐下性子来学习,觉得也蛮有意思的,后来慢慢培养出对农学的兴趣。

　　1950 年 2 月,杨显东调任农业部副部长,武汉大学改由杨开道任农学院院长,增聘了章文才、陈俊愉、王业遽等 10 余位教授、副教授,加强了师资队伍,同时,增添了图书仪器,进一步改善了办学条件,改变过去沿用外文课本的做法,拟订了课程指导书,编写了中文讲义,并加强教师的集体备课,加强对学生的辅导,强化理论与实际相结合的做法[2]。武汉大学的课程还不少,一年级的课程主要是数理化,还有生物。生物学教材是很好的一本书,上下两册,学校对生物学很重视。另外还有栽培学、育种学等。到了第二年,就分开了,分农艺和园艺,赵其国选的农艺,因为农艺的范围比较广泛,包括遗传学、栽培学,另外还有土壤肥料学。四年级的时候,赵其国们就专门结合农艺学、园艺学进行实习,到洞庭湖、鄱阳湖进行棉花实习、水稻实习、小麦

---

① 伍国轸:"华中农学院简介"。《高等农业教育》,1984 年第 3 期,第 76 - 80 页。
② 华中农业大学校史编委会:《华中农业大学校史》,1998 年,第 56 页。

实习,还有工厂的加工实习。包括怎么样做茶叶、怎么样种棉花等,赵其国做的是油菜。

武大课程设置上的特色就是对基础性的东西比较注重。如农学的要学生物解剖学,要听课,有学分的。那些主要学分,你可以选,赵其国是选生物系的课,生物解剖学、生理学,还有仿生学。另外在化学系,涉及肥料的使用对土壤、作物产生什么样的结果,氮磷钾元素,这些化学的东西要学的,这些东西印象比较深。另外农学系有遗传学和栽培学这两门主要的专业课,土壤肥料学课程也有,其他的就是政治、经济、文化、历史,这些都无所谓,就是听听课。赵其国不是土壤专业,当时武汉大学农学院也没有土壤专业,农学系有土壤肥料的课程,但也不是很多。后来院系调整,到华中农业大学时,也就是在赵其国上四年级的时候,就有土壤肥料专业了,但赵其国还是农学专业的。

武汉大学农学院当时师资很强,杨显东、杨开道、柯象寅、刘后利都是留美博士,陈华癸、章文才、杨新美是留英的博士,其他留美、英、日者多人。有几个老师,赵其国印象很深,一个是遗传学的老师刘后利,主要做油料作物,学问做得不错,但英年早逝。还有一个胡仲紫,教水稻栽培学,是武汉大学最知名的老师之一,培育了好几个水稻品种,对学生很好。另外一个是土壤学的陈华癸,跟李庆逵是同辈人,教了赵其国很多土壤方面的知识。李庆逵从国外回来以后,曾来武汉大学农学院做讲座好几次。陈华癸是搞土壤微生物学,李庆逵是搞土壤农业化学的,他们两个人关系很好,对赵其国及班上的同学,甚至农学系几个年级的学生都很熟。赵其国一直想不明白,李庆逵当年从武汉大学学农学的班上一下招8个人到南京土壤所工作,农学专业的人去从事土壤工作,究竟怎么回事? 后来想想,其实陈李二人老早就统一考虑了。

在大学期间,赵其国养成习惯,晚上从不开夜车,晚上10点钟,最迟11点钟上床,不像有些同学那样,晚上熬夜,又抽烟又喝酒的。但是,他早上起得很早,一般凌晨4点钟左右就醒,这时的武汉的天刚蒙蒙亮。他感觉自己的精力和记忆力都是在清晨最好,晚上念书是越念越糊涂。不像有些学生,晚上拼命念,早晨不起床,赵其国没有这个习惯,从大学起就没有这个习惯。

参加工作以后基本上也是晚上 10 点半睡觉，早上 5 点钟起床，几十年如一日，就是在大学里培养起来的。

20 岁正是年轻人成长成型的时候，能进入武汉大学这样一所综合性的大学学习，可以说是赵其国人生新的起点，是对他一生都很重要的经历。赵其国非常珍惜这个起点，并且抓住时机很好地利用了这个点，从这里开始走上学术研究的道路。这样的机会来之不易，要不是家里两个姑妈苦苦支撑，赵其国根本不会有这样的人生机遇。因此，他很珍惜这样的机遇，一直抓紧时间学习，丝毫不敢浪费时间。

参加学生会工作

在武汉大学读书期间，赵其国学习的时间占了三分之二，还有三分之一的时间参加学生会的工作，搞大的游行活动，承担这些组织工作为他今后的人生历程打下两个基础，一个是在政治上开始追求进步，一个是在工作能力上有了极大的锻炼。

1949 年冬季，赵其国入校不久即参加了农村"减租减息"运动，在这次运动及总结中，生平第一次体验到农民生活的疾苦。通过与农民一起生活，赵其国认识到农民那种刻苦、朴实、真诚的品质，增加对农民的感情，纠正了自己不少对农民的偏见。回到学校以后，他开始积极参加团小组生活，在组织与同志们的帮助下，接受了全院的文体活动组织工作，并认真负责地完成任务。

1950 年春，赵其国被选进武汉大学学生会，担任执委，负责全校的体育工作。刚开始的时候，赵其国心情极其紧张，做梦也没有想过要组织将近几千人的群众活动。为此，组织上与学校领导多次对他给予帮助与鼓励，帮助他正确认识工作的意义，鼓励他逐步树立工作信心。赵其国想到，既然组织与同志们推举自己担当此项工作，也就是对自己工作能力的肯定和完成工作的充分信任。只要自己努力干下去，一定会取得成绩。于是，赵其国鼓足勇气把工作开展起来，虚心地向老同志学习，了解意见，深入群众，大胆放手

图2-1　湖北省委组织志愿军回国代表团到武汉大学做报告(赵其国参加时与澧县干部及窦少毅少将合影,前排右2为赵其国,1951年8月6日)

工作。通过努力,赵其国将工作开展得有声有色,有力促进了全校体育活动的广泛开展,受到了武汉大学学生会执委会的表扬。通过工作,赵其国也深深地认识到党与群众力量的伟大,组织与同志对自己的关怀与培养,从此开始有了争取进步的要求。

1951年初,当全国大规模地开展"镇反"运动时,武大曾举行了"六一纪念会"控诉回忆运动、"公审六一凶手"等活动。1947年6月1日,国民党军警数千人,包围学校,搜捕进步师生,受到强烈抵制。面对手无寸铁的学生,军警开始血腥屠杀,当场打死学生3人,重伤2人,轻伤16人,逮捕教授5人,学生14人,工人3人,制造了震惊中外的"六一惨案"[1]。在这次运动中,年青的赵其国感到只有党才真是热爱人民并领导人民坚决同敌人进行斗争的,继而由对党的认识转而对党的热爱。镇反运动以后,紧接着的是抗美援朝与参干运动。在抗美援朝斗争中,赵其国热烈参加,除开捐献以外,还积极组织农村与街头宣传工作。其后,在参干运动中,两次均曾报名参加,从中接受了深刻的爱国主义教育,认识到保卫祖国是每个爱国青年应有的义务。

大学期间,赵其国一个星期至少有三分之一的时间在学生会工作。学

---

① 华中农业大学校史编委会:《华中农业大学校史》,1998年,第54-55页。

生会的体育部专门有办公室,他经常坐在一张属于自己的办公桌后办公、处理各种事情,包括开运动会和组织游行等,其中游行的次数比较多,活动还真不少。武汉大学学生多,在当时经常有游行活动,集合、练操、排队、走十字,还有团体操变花样,赵其国都会精心准备。1951 年底,由于在担任学生会的体育工作时广泛发动群众,开展了全校群众性的体育活动,并在培养数百名体育干部与改变全校体育活动状况上取得较大的成绩,受到武汉大学团委给予的个人与集体奖励①。

对各种运动,虽然赵其国也参加,但不乱来。他是一个正直的学生,不可能不参加这些运动,但是他从不打老师,也不骂老师。在整风运动中,有的老师就跪在学生面前,赵其国看着心里真是难受,有时就不敢看。其中有的老师是教过赵其国的,老师们当着这么多人的面遭到羞辱,甚至有的老师自杀了,他也很无奈和无助。赵其国心里始终有一个原则:在政治上一些不该做的事情,坚决不做;在学习上珍惜每一分钟的时间,自己能够做到的,就拼命自己做,自己做不到的,就请教别人。这是赵其国的第一个起点,必须珍惜。

赵其国通过承担武汉大学学生会的工作锻炼了自己的组织协调能力,后来到土壤所,担任考察队长、土壤所所长,在外面干活带队,一带就是几百人、上千人的队伍,在东北,指挥过 1 200 余人的科研调查人员队伍。要没有在武大的学生工作的锻炼,完成这些工作是不可能的。另外,赵其国在武大学生会里还担任过组织委员,最后一年到华中农业学院后还担任了学生会主席,是华中农学院第一届学生会主席。这些学生工作对赵其国工作能力的锻炼十分有帮助。

学习中收获爱情

上大学期间还有一个意外的收获,就是在三年级的时候,赵其国与同班

---

① 赵其国人事档案,入党思想汇报。藏于中国科学院南京土壤研究所人事处。

同学刘畹兰谈恋爱，并且最终结为夫妇。一年级的时候大家相互不太认识，基本上没有接触，到二年级的时候，相互之间已经很熟悉，而且因为经常开展各种活动，男女同学之间自然有更多的机会在一起，到三年级的时候两人心中的情愫已慢慢萌发，相互交往也多起来，最终确定了恋爱关系。

刘畹兰的父亲是武汉大学附属中学的语文老师，年纪比较大，写得一手好字，经常给别人题字，写各种对联、大匾额，挂在一些大的食堂、饭店的门口。两个人一起上学时，在学习上赵其国稍好一点，经常帮助她；在生活上，她家条件较赵其国好，在他缺钱的时候她常常接济他。如买衣服总要一点钱，加上学校的伙食也不行，大伙食、小伙食改了好几次，还是不解决问题，因此有时要出去补充补充，打打牙祭。

虽然当时武汉大学不用交学费，但是生活上的花费还是必须的。小姑妈一直没有结婚，她在做生意的当中，也攒了一点金条。当年离开武汉的时候，她们姊妹之间也分了一点金条。从重庆回到汉口后，小姑妈为了让赵其国能继续读大学，将历年所蓄黄金5两金子存在大伯赵玉章那里，约定每月由赵其国上门去领取法币数万元作为上大学时的伙食、零用。开始伯侄关系尚可，但到后来，赵其国每月去大伯公司拿利钱，大伯不愿给，相互之间还争吵过数次。所以后来赵其国也不大愿意去，到公私合营以后，大伯就再也不提这件事了。

当时学校并不反对学生谈恋爱，但不允许结婚。一般只要不妨碍工作学习问题还是不大，不过后来有一段时间不准谈恋爱，但过不久又纠正了。总的来说，大家也是比较注意，很少一起卿卿我我的。难得有的时候，星期日一起出去玩，到学校对面的东湖围着湖转一转、走一走、散散心。或许女孩子成熟早，比男孩子要多一点心眼，正如刘巧儿唱的，要自己找婆家。当时男女平等、婚姻自由的空气还是比较浓的。

赵其国则更重视同学间的友情，跟不少同学关系处得相当好，后来一起分到土壤所来的就有好几个同学。农化系、农化专业的有几个，农学专业也有几个，现在农学专业留下来的就一个了，其他如土肥专业的有好几个，还有两个转到西北其他研究所去了。虽然分开这么多年，同学之间还是有感情，2005年，赵其国还请他们到南京来聚了一下。

图 2-2　赵其国华中农业大学毕业合影（前排右 1 为赵其国，前排右 4 为
其女友刘畹兰，1953 年 3 月）

　　赵其国上大学那几年，大姑妈带着她自己的几个孩子生活，平时也不常见面。她一个人带 3 个孩子，慢慢也培养成人了，大儿子后来到山西太原的邮政局做了副局长；二儿子进入陕西一个银行，因为他哥哥在那边，山西和陕西离不太远；三儿子考取了清华大学的建筑系；大一点的女儿，在武汉念了一两年的书就结婚嫁人了，后来也在银行工作。大姑妈的 4 个孩子都有自己的生活出路。

　　到南京以后，赵其国爱人生第一个小孩和第二个小孩的时候，大姑妈过来帮赵其国照看小孩子。第一个小孩是儿子赵坚，她很喜欢，带了两三年；第二个孩子是女儿赵智，她来带了一年，主要是年纪大了，带不动。她离开南京回到武汉没两年就去世了，赵其国专门去安葬了她。

　　小姑妈在武汉大概住了 4 年，后来也结了婚，嫁给一个跟她住在同一个里的，也就是同一条巷子、胡同的，一个银行职员，叫叶保罗。他自己以前有个妻子，去世了，也没有小孩。两个人一起大概生活了十几年，后来就去世了。他们自己结婚后也没有生育，领养了一个小孩。

赵其国在南京的时候,大姑妈还经常写信,叫他好好学习、好好工作之类。在重庆时,母亲曾亚芬也住在重庆,来看过他几次,赵其国根本不理。当时赵其国的心情,对母亲是有一些怨恨的,因为亲眼看到她耽于玩乐导致亲生女儿的残疾,这是很不应该的。另外,她跟赵玉麟离婚以后,只顾自己一个人逍遥,从来也不关心赵其国。现在跑过来,赵其国已经长大成人,许多事情皆能独立处理,自然觉得母亲根本没有必要来看他,也不期望能建立什么感情。更何况她嫁了其他人,赵其国心里根本不能承认。小时候的逆反心理还是很严重的,对大人们的事情也是半懂不懂的。

对老一辈,尤其对养育自己的大姑妈、小姑妈,赵其国是十分感激的,没有她们无私的关爱,自己是不可能有今天的。所以,大姑妈在世的时候,赵其国把她接到南京来生活一段时间,走的时候,赵其国特地回武汉安葬她,给她送终。后来小姑妈去世,包括小姑父去世以后,赵其国还寄钱给他们领养的孩子,一直寄了10多年。对于赵其国的这些家事,刘畹兰从不多问,更多的时候总是从一个女性的角度给予更多的关心,非常体贴入微,所以赵家大大小小都很喜欢她。

第三章
土壤所早期工作

　　1953 年 7 月,大学毕业的赵其国和其他许多人一样被分配到中科院南京土壤所工作,虽然不是土壤专业的毕业生,但他并没有产生抵触情绪,而是积极地投入到实际工作中,在马溶之[①]、熊毅[②]、李庆逵[③]等人的带领下,很快掌握了专业知识,能独立开展野外调查和布置肥料试验的工作,逐步成长为青年骨干力量,深得李庆逵等人信任。

[①] 马溶之(1908~1976),河北定县人。1933 年毕业于燕京大学地学系,1934~1952 年在地质调查所任研究员,1952~1965 年在中国科学院南京土壤研究所任所长。

[②] 熊毅(1910~1985),土壤学家,贵州贵阳人。1932 年毕业于北京大学农学院,获学士学位。1949 年获美国密苏里大学硕士学位,1951 获美国威斯康星大学博士学位。时任中国科学院南京土壤研究所研究员。

[③] 李庆逵(1912~2001),浙江宁波人。1932 年毕业于上海复旦大学化学系,此后进入原中央地质调查所土壤室工作。1944 年,赴美国伊利诺斯大学研究生院深造,1946 年获农学硕士学位,1948 年获哲学博士学位。新中国成立后,1953 年他参与组建中国科学院土壤研究所,现更名为中国科学院南京土壤研究所,历任副所长、研究员、名誉所长等职。时任中科院南京土壤研究所研究员。

初到南京

中科院南京土壤所,前身是 1930 年成立的国民党中央地质调查所。1913 年 2 月,丁文江任民国工商部地质科长,在他的推动下,工商部成立一个学校性质的地质研究所,同时将原地质科改组为地质调查所,均由丁任所长。1920 年 7 月划归农商部直辖,1921 年丁文江辞职后,由翁文灏代理,1926 年正式出任所长。1928 年 6 月南京国民政府北伐成功,改为农矿部地质调查所,1930 年 12 月,改为实业部地质调查所,英文译名 The National Geological Survey of China,即中国国家地质调查所,实际成为全国地质调查和地学研究的中心。1935 年底,由北平迁南京,在北平原址设分所。1937 年因抗战爆发西迁重庆,1938 年改称经济部地质调查所,翁文灏出任经济部长,地质调查所工作分别由黄汲清、尹赞勋、李春昱主持①。

当时地质调查研究所设有一个土壤研究室,没几个人,组成一个小组。新中国成立以后,为了发展农业生产,急需摸清全国丰富的土地资源,在中国科学院副院长竺可桢的支持下,1952 年 7 月,以中国科学院院秘字第 2741 号文件通知,决定将原中央地质调查所所属土壤研究室扩充为土壤研究所并先成立筹备处,自 1952 年 10 月 1 日起划归中国科学院领导。1953 年 1 月 23 日,院人字第 0441 号文通知,中国科学院土壤研究所正式成立,所长为马溶之。

新建的土壤研究所以原中央地质调查所土壤研究室为基础,合并了福建、江西地质调查所的土壤研究室。土壤所仿照苏联科学院库恰耶夫土壤研究所的模式建制,下设土壤物理与物理化学研究组、土壤化学与农业化学研究组、土壤微生物与生物化学研究组和土壤地理与改良组共 4 个组。其中

---

① 李学通:"民国最有成就的中央地质调查所"。《炎黄春秋》,2002 年第 6 期,第 58 – 61 页。

图 3-1　所长熊毅与土壤所工作人员考察后合影（前排右 1 为时任所长熊毅，后排左 5 为赵其国，三排左 2 为刘畹兰，1953 年 9 月初）

前 3 个组在南京市珠江路 700 号原址工作，第 4 组借用南京鸡鸣寺院内小红楼上班[①]。

　　马溶之觉得土壤所的研究人员应该不单单是土壤专业毕业的人，应该也有学农学、生物、化学等方面的，各个专业组合在一起，研究所科研队伍的专业结构才比较合理。因此，他力排众议，在全国各个大学的农学系、化学系和生物系招人。农学专业的毕业生主要来自华中农学院、山东农学院和南京农学院，赵其国就是在这样的背景下跟其他许多农学专业的人一起分配到土壤所工作。当然，这其中另一个原因是华中农学院的土壤专家陈华癸跟南京土壤所的李庆逵交往颇好，他对赵其国也比较了解，或许进行了推荐，不过，从来没有人提过。

　　1953 年一起进土壤所的，一共有 20 多个人，除了从华中农学院来的 8 个人，其他人也都是来自全国各高等院校。1952 年，比赵其国们早一年来

---

① 周健民主编：《中国科学院南京土壤研究所发展历程》，2003 年，第 10 页。

的也不多,所以新来的年轻人加起来一共不到 50 个人。进了土壤所以后,赵其国了解到土壤所虽然是研究土壤的,实际上它的基础还是以农学为基础,土壤研究本身是为农业生产服务的。所以,原来学的农学知识也很有用,但不管怎么说,到土壤所对赵其国来说是一个新的起点,也是一个很重要的学以致用的方向,来工作还是很合适的。

当时毕业分配很简单,在学校里大家根本不知道毕业动向,赵其国也不知道,反正一颗红心向着党,党叫干啥就干啥。毕业分配的前一天参加政治学习,主要内容就是服从分配,到祖国最需要的地方去。那个时候没有谁挑三拣四的,也根本没有自己选择的余地,等到晚上学习结束看红榜,才知道各自分配什么地方。而且知道以后,第二天一早就走,车船都安排好了。

赵其国与其他好几个人一起被分到南京土壤所,就议论土壤所是什么样的单位,土壤是研究什么的,还以为将来要搞土壤肥料研究。几个同学中有原来土壤专业毕业的当然没那么多问题,农学专业毕业的人对将来去研究土壤,是不是要转行,当时也有思想顾虑,但根本来不及多想。头一天晚上 8 点钟分配去向一公布,马上就要做准备、收拾行李,第二天早上 8 点多钟就上船,带着行李就走人。赵其国跟几个同学一起,包括女友刘畹兰在内,扛着行李到江边坐船,从武汉汉口码头直接到南京下关码头。南京土壤所安排人来接他们,坐着马车,从下关一直晃到鸡鸣寺,当年还没有公共汽车。

那时土壤所里房子很紧张,因为有一部分在珠江路 700 号,矿产研究所里有一些房子,分了一大摊子。其他人在鸡鸣寺这边新址,有一幢楼,是当时南京市科委的楼,土壤所占了一块,赵其国和其他新来的学生就住在 4 楼。这幢楼后面是中科院古生物所的房子,和土壤所分开,那个时候古生物所还没有扩大。另外有一幢小红楼,是土壤所的办公楼,主要人员都在那里办公,所长就是马溶之。李庆逵刚从美国回来没几年,40 多岁,科学院直接让他到土壤所报到,当时还没有明确他是副所长,只担任研究员。另外还有几个人,像于天仁、宋达泉、熊毅等。

根据不同的工作要求,马溶之所长把所里的人员编成一个个的组,分成 4 个组。基本上是仿苏联科学院道库恰耶夫土壤研究所的模式建制,下设土壤物理与物理化学研究组(一组),熊毅任组长;土壤化学与农业化学研究组

（二组），李庆逵任组长；土壤微生物与生物化学研究组（三组），马溶之兼任组长；土壤地理与改良组（四组），宋达泉任组长①。50多个年轻人，也各自分配到4个组里，有的人专门做实验室的工作，搞化验和分析，包括化学分析、物理分析、生物化学分析，还有专门做肥料研究的。

赵其国喜欢体育活动，看上去身强力壮，能够到外面跑，所里就安排他到地理组搞野外调查，主要任务包括土壤调查、区域治理和区域建设等，反正成天在外面跑。野外调查分南北两支队伍，李庆逵主要负责南方，马溶之负责北方，后来熊毅来了以后负责中间，宋达泉负责西部和东北两部。这几位老先生，其实年龄也不大，那个时候年轻人称他们为老先生，就是因为他们几位是主持、是领队。赵其国分在华南组，绝大部分的时间都是跟着李庆逵一起工作。

刘畹兰留在所里，主要专业方向是农业化学，在实验室里搞温室栽培，可以正常上下班，在家里面的时间就比较多，可以照顾到家里。赵其国能长期在野外工作，跟妻子的操劳是分不开的，经常一出去就是几个月不回来，前前后后跑了几十年，家里的老人孩子都是她操心，一点也不比他在外面过得轻松。

从零开始识土壤

赵其国也不是一开始就喜欢做土壤研究的，原来喜欢研究棉花，因为在大学实习的时候，一位姓刘的老师带着他们搞棉花栽培，觉得挺有意思的。另外有一个遗传学的老师带着学生做一做小麦、水稻等农作物的育种工作，赵其国也学得十分认真。赵其国喜欢栽培学，但到土壤所来，这些农学方面的工作都做不成了。为什么要把他们这一批农学专业的毕业生分到南京土壤所来，赵其国至今也没有弄清楚。不过，既然命运决定了赵其国在土壤所

---

① 周健民主编：《中国科学院南京土壤研究所发展历程》，2003年，第10页。

工作,他也就下了决心,一定要把工作做好。更何况,工作一段时间以后,赵其国发现自己不但有这方面的工作能力,而且逐渐地对野外的调查工作还很适应,所以慢慢地由被动变为主动参加各项工作了。兴趣跟业务慢慢结合起来以后,最终确定了研究方向。

1953 年 9 月,到土壤所不久,即由组织决定,派赵其国跟随华南工作队到华南一带进行土壤调查工作。这次进行土壤调查,对他来说是第一次,很多东西是以前在学习岗位中没有接触过的,因此必须在工作中一方面工作,一方面踏实地从头开始学起。通过在工作中学习,赵其国初步了解了一些关于绘制土壤图的方法,如制图的目的、类别、比例尺的决定等,在具体方法上,初步掌握了罗盘仪的使用方法,能初步运用罗盘仪以把握方向与点位高度。

在开始进行土壤图绘制时,赵其国初步了解从概测(即一般了解土壤情况)入手,继而深入重点绘制某处土壤图,并应注意在详测土壤图时对土壤界线的划分、坡度的观察、排水的情况、利用的问题等作系统全面的了解,但是对于具体的绘制土壤图的工作仍然做得很少,有待今后工作中进一步深入体会。关于野外操作方面的收获主要是学习到一些有关野外调查的基本方法与经验,为今后野外调查工作打好基础。如关于调查如何做好准备工作,如何注意野外调查的观察与研究,如何全面地记载观察土壤剖面,对如何在野外采取植物、土壤标本,决定开挖土壤剖面的大小、方位、深浅等细微方法都有初步的了解,并在工作上逐渐具体实行,这对今后工作确有不少益处。

在最初与李庆逵接触期间,赵其国感觉到他对新来的毕业生有些看法,认为学农艺专业的人基础知识太差,特别是化学、土壤知识贫乏,对大家的学习进步抱的希望不大。李庆逵对这批新进来的人或许是要求高,或许是因为华南的工作任务紧,没有适合的人拿来就能用,因为他讲过:"现在分配来的青年人比以往来所的基础差多了,以后院里招干部应该考试才好。"①一谈起学习李庆逵就嫌新来的人基础差,在工作中也认为他们没有一个行的。

---

① 赵其国人事档案,怎样团结科学家。藏于中国科学院南京土壤研究所人事处。

图 3-2　在华南考察橡胶宜林地时的李庆逵(左 1)与竺可桢
(右 3)合影(1953 年 2 月)

第一次去野外工作,在田间进行调查,因为新来的人未带野外记录簿与铜尺,李庆逵在汽车上狠狠训了他们一顿,说工作连笔记本都不知道拿,也不知道记录,出来干什么。

为了让新来的人,这些具有农学、森林学或其他专业背景的人,尽快了解土壤学方面的知识,掌握土壤调查和肥料试验的技术,李庆逵费了不少心,紧紧联系具体工作进行土壤学理论的系统讲解是最有效的一种方法。在布置肥料试验时,他主动地召集年轻人在一起,详细讲解施肥的基本原理、方法、理论根据,计算肥料时,又详细讲解关于土壤化学方面的知识。另外,只要是牵涉工作中与业务上的知识有人向他请教,他总是毫无保留地讲解。第一次布置肥料试验时,赵其国和其他年轻人开始一点都不会,通过李庆逵讲解和示范,很快掌握了相关技术,顺利完成了工作。

赵其国跟新来的非土壤专业毕业的学生,大都没有系统学习过土壤专业知识,为了更好地开展工作,李庆逵就组织他们白天工作,晚上学习,这对年轻人的进步帮助很大。李庆逵本人是学农业化学的,白天马不停蹄地去考察,晚上还要给年轻人上课。一般用一块小黑板,这样他可以写出来,因为他讲的是宁波话,开始的时候大多数人都听不大懂,只能慢慢听,最后赵其国都可以做他的翻译了。没有黑板时他就拿一块有油漆的黑布写,把那些化学分子式教给大家。几乎每天晚上都要上课,讲肥料、讲化学,赵其国很喜欢听,记了大量的笔记,每次考察一圈回来都会有一两本的笔记。有些内容李庆逵也不指定书目,赵其国回来自己在图书馆找书慢慢再补。

野外考察的内容李庆逵教不了,因为他的专业不是搞野外的,在野外画图分析,采标本一般他不去采。看地形地貌他也没有办法,第三纪是怎么样,第四纪是怎么样的,冰川什么样的,他就请别人来教。在华南调查的时候就把南京大学专门搞冰川地质地貌的专家任美锷请来跟大家在一起调查。从云南的昆明一直走到西双版纳这一条线,从1859米的高原昆明,最后降到120米的红河,1 000多米降到100多米,整个这条公路,任美锷原来是调查过的,就带着大家沿路讲,讲了走,停了讲,车子开一段就停下来,他会问大家刚才走过的地方,看到哪些东西。后来赵其国养成一个习惯,凡事外出坐汽车考察眼睛都不带眨的,就喜欢看各地的地形地貌,这都是跟任美锷学的。李庆逵还请黄瑞采来教生态方面的植物地理的知识,他们几个老师互相取长补短,互相自己也交流,把学生也带着一起学,所以晚上经常有课,每一次考察回来大家收获都很大。

这从赵其国野外调查笔记中所记录的听课情况可见一斑。笔者从赵其国野外考察笔记第二、三册中找到如下记录,反映的是他在1953年10月至广东省雷州半岛海康垦殖所进行工作期间所补习的有关土壤肥料方面的基础知识,兹摘录如下:

> 10月12日上午9时,李庆逵讲有关橡胶树肥料问题;10月12日,摘抄黄瑞采土肥讲义;10月12日晚上,李庆逵讲土壤酸度;10月13日晚上,李庆逵讲土壤中黄红斑纹问题;10月15日下午,李庆逵讲PH与肥料关系;10月15日晚上,鲁如坤讲中国土壤的化学成分;10月18日,在那大所等汽车,李庆逵讲土壤风化问题;10月21日,在天任所讨论工作后,李庆逵讲肥料试验;10月23日,李庆逵讲有关肥料问题;10月25日,鲁如坤第二次讲关于土壤胶体的问题;10月26日晚,在天任所,李庆逵讲盐基代换问题;10月30日,在天任所,李庆逵讲有关肥料试验问题;10月30日,鲁如坤第三次讲土壤酸度。

从当时的讲课频率来说，这是相当高的，10 月就讲了 13 次课，只要是晚上或者下雨没有出去，还有工作总结余下的时间，李庆逵都要亲自讲课或安排其他人讲课，这对赵其国来说，对像他一样非土壤学专业的人来说，是相当及时和重要的。赵其国天生似乎有一种不服输的性格，任务越重越能激发出他工作的热情，另外可能也是想改变当时土壤所的一些老先生对新进来的其他专业背景的人的看法。有李庆逵这样性急的老师，偏偏又碰上赵其国这样好学的学生，恨不得一口吃成一个大胖子，他很认真地记录下当时的心情，"当进所时，存在对工作与学习的急躁情绪，认为自己所学的专业不同，什么都感贫乏，因而对学习要求很迫切，拼命地争取学习时间。"①

赵其国认识到，要搞好土壤科研工作，对他这样的非土壤学科班出身的人来说，注意通过工作学习是很重要的，只有通过工作学习才提高得快，也才能满足工作对自己的要求。因此，在工作中注意从最基本学起，不拒绝甚至争取做具体繁琐的工作，如打土钻、采标本、写标签。同时，在工作中多发问，因为李庆逵很高兴大家能问他问题，他经常讲："你们多提出不懂的问题来，我讲后，不懂再问，切忌不要装懂。"②赵其国不怕提问题，哪怕是最基本问题，只要没有听懂或者没有深入理解时就及时请他再讲解。

这样一来，赵其国与其他新来的人，一边工作，一边学习，各方面的能力和技能提高得都比较快，并且通过学习后能完成一定工作的实际行动，使李庆逵看到新来的年轻人学习是认真的，工作是负责的，逐渐对大家有了积极的看法。因此在工作中，李庆逵经常会提出一些较深入的问题进行讨论，并指导大家思考，一方面在工作中也更加放心大家去承担更多的具体任务，另一方面也开始关心他们在工作中的收获。在雷州半岛的试验工作，李庆逵放手让赵其国和其他人去做，而且讲："你们学习得很快，青年人只要肯学就能有很大进步，这也就是青年比老年人强的地方，以前我认为学农的同志学得慢的看法是错的。"③

---

① 赵其国人事档案，入党思想汇报。藏于中国科学院南京土壤研究所人事处。
② 赵其国人事档案，怎样团结科学家。藏于中国科学院南京土壤研究所人事处。
③ 赵其国人事档案，怎样团结科学家。藏于中国科学院南京土壤研究所人事处。

　　1953 年 12 月在海南岛农场工作时,李庆逵本来考虑在该农场布置一些肥料试验,后来因为时间较短,还因地点选择未定,就考虑暂不布置试验。赵其国和其他人仔细分析后,认为肥料试验应争取布置,不然拖后一年会影响任务完成。当然困难是有的,5 天时间要布置几十个小区试验而肥料与工人都未准备好。但后来大家针对困难把时间具体地安排了一下,分一下工,订出一个初步计划来。最后将此计划与李庆逵商量,他同意了大家的做法,并立即把计划修改补充了一下。就这样,大家在共同设法、共同努力的情况下,按期完成了肥料试验的任务。

　　通过几次工作,李庆逵对年轻人的一些顾虑消除了,也更热心地指导大家,逐渐在工作中更信任大家,大胆放手交一些具体任务给大家。在雷州半岛考察时,原定 20 天结束工作,但后来发现有些工作还待进行,于是大家先又交换了意见,订出了一个新的计划,向李庆逵汇报,他认为很好并将工作分配给年轻人去做,一部分人进行农村与土壤调查,一部分人了解田间与植物情况,布置试验。当时接受任务后面临的困难还是很多的,大家都是第一次"单独作战",农村调查语言不通,时间很紧,而布置试验的物质、人力准备不足。但是,赵其国和大家没有泄气,迎接并努力克服了工作中各种难以想象的困难,顺利按期完成各项任务。

第四章
寻找橡胶宜林地

　　新中国成立后,国家经济建设处于恢复期,百业待举,民用工业、国防工业急需大量天然橡胶,西方国家对我国实行全面禁运,天然橡胶作为战略物资,是禁运的重点。1950年10月,抗美援朝战争爆发,我国天然橡胶供应更趋紧张。正是在这一背景下,中央果断作出"一定要建立我国自己的橡胶生产基地"的战略决策。赵其国到南京土壤所工作参加的第一个任务就是华南橡胶宜林地考察,在李庆逵的带领下,白天工作,晚上上课,很快从土壤学的门外汉成长为从事野外调查和肥料试验的骨干,经过近10年的努力,顺利完成了考察任务。

新中国成立初期的橡胶种植

　　橡胶资源勘察是庞大的系统工程,涉及气象、森林、土壤等多个学科领域,专业性、技术性都很强,中央号召"橡胶专家和技术专家前来参加,到北纬 22 度站队"[1]，中国一定要种出自己的橡胶树。

要种树，首先要找到能种植的土地。橡胶在当时是属于国防物资，只有在热带相当热的环境里才能种植。中国只有两个地方能种植生产，一个在海南岛，有一部分背风的环境里；另一个在云南的西双版纳。这两个地方，属于热带，积温超过 8 500 度，平均温度超过 20 到 25 度。只有积温达到 8 500 度，这样环境条件下，橡胶才能够生长。橡胶在我国过去种植很少，海南岛有几棵母树，长得比较好，全国加起来不到十几棵，这是原来有些海外的华侨，也就是在南洋的华侨带回来种植的。这些橡胶应该都是来自南洋地区，那里气温很高，是典型的热带地区。华侨把橡胶种子带回来，在海南试种一下，后来长起来有十几棵橡胶，说明我们国家的这个地区条件允许，虽然少，但是橡胶可以长。

1951 年 8 月 31 日，中央人民政府政务院第 100 次政务会议通过《中央人民政府政务院关于扩大培植橡胶树的决定》。9 月，陈云和叶剑英在广州主持召开了华南垦殖局筹建工作会议。会议根据中共中央关于发展我国橡胶事业的决策，提出了尽快在华南建立橡胶生产基地的具体意见，并研究决定了组织机构、发展规划和科研工作等事项。11 月，华南垦殖局在广州沙面成立（属林业部领导）。叶剑英兼任局长、党委书记。下设海南、高雷（现在的湛江农垦、茂名农垦）、广西 3 个垦殖分局。1952 年 2 月，华南垦殖局机关从广州搬迁到湛江市办公。3 月，政务院和中央军委决定抽调中国人民解放军 2 万人，组建成林业工程第一师、第二师和一个独立团，到海南、高雷、广西地区参加橡胶垦殖工作[2]。

橡胶事业自 1951 年开始，此间橡胶历史并不长，因为当初主要解决我国橡胶"有无问题"，因此开始大量植胶。当时是只要出产就开干，国家任务很紧，也很重，要在 1952 年 5 月以前全部测量做好，8 月开始播种，因为种子1952 年即开始成熟，因此当时是什么事情都是很仓促的，所有准备工作，包括对橡胶树的了解很不够，材料缺乏，只能根据南洋的植胶经验进行海南当

---

① 许人俊："新中国天然橡胶种植业在困境中起步"。《党史博览》，2006 年第 8 期，第 30 - 34 页。
② 广东省地方史志编辑委员会：《广东省志·农垦志》。广东人民出版社，1993 年。

地的植胶,但是结合情况很不理想。

华南垦殖局成立之初,技术干部很缺乏,"1952 年开始,全局仅有 400 人,在 1952 年秋天,参加勘察的 10 个大学的学生,主要是森林系等专业的又分配来 380 多位,大多是森林系毕业,这批人业务上很差,从 1952 年—1953 年,中央又补充了一些森林的,先后补充有 70 人,其次又在华南训练了一些人。现在技术人员有 700 人"。①

此地工作的同志工作也重、水平差,工作也不安心,有很多其他与业务不符的军队干部转业了一部分,到 1954 年,坚持留下在岗位上工作的仅 500 人左右,从干部来看,可以说明干部构成与事业需要有很大矛盾。对橡胶树的特性与自然情况的了解也不够,这一方面也是因为时间很短,未进行系统长期的工作。参加工作的行政干部,大部分是从党政军调来的,大家也缺乏知识,因此在技术上知道很少。

总之,由于工作上很匆忙,则造成很忙乱,而且曾经造成在供应粮食方面出现问题,造成其他各方面的供应与配合是不够的,因此栽培上发生很大错误,使国家造成很大损失,很多问题到现在都还未解决。这主要与技术上的错误关系很大。而技术上的问题是根本问题,因为解决胶树技术问题,就能够减少错误与损失。看起来种胶需要时间长,但是从配合国家建设需要来讲,又是很紧迫的。所以赵其国就跟着李庆逵到华南去考察,看看到底有哪些地方可以种植橡胶。

从 1950 年代,当时的情况来说,橡胶跟国防关系十分密切。第二次世界大战,德国人之所以敢发动战争,一项重要条件因为它的橡胶产量、质量都是世界第一。当时它的天然橡胶,产量最多、质量最高,是直接把在亚马逊河流域的种植园里生产的大量天然橡胶运回德国。德国人在战争爆发的几十年前就大量人工栽培橡胶,在亚马逊河流域开辟了一个又一个橡胶园。

橡胶是重要的军事物资,在一辆坦克车的结构中,坦克车的体积假如在 1 立方米,与之相对应的,至少需要 0.3 立方米的橡胶,铺到它的各种钢铁与钢铁的构件之间的接触面上。飞机上就更多了,一架飞机的一个轮胎,起码

① 赵其国野外考察笔记第四册,1954 年 3 月 13 日,华南垦殖局李局长介绍情况。

要 3 到 4 公斤的橡胶来做。这都是要用天然橡胶,人工橡胶绝对不行。人工橡胶都是石油产品,耐受力、承载力、热耐力绝对赶不上天然橡胶。所以,一个国家要发动战争,所用的军事装备,没有哪一样离得开钢铁,军舰、飞机、大炮、坦克等等,只要有钢铁,只要有钢铁跟钢铁接触的地方,都得用橡胶,用量非常大。

二次大战时,德国有两三万辆的坦克,橡胶产量能跟得上消耗,其他国家,包括美国都不行。美国的环境不适合橡胶种植,即使在最南端的佛罗里达也达不到种植橡胶的环境要求。中国却有这样的地方符合条件,可以种植橡胶,但之前种植很少,也没人重视。新中国刚成立,百废待兴,不光国防上需要橡胶,其他工业生产、建设也需要大量的橡胶。但国外对我国进行封锁,天然橡胶想买也买不到,所以当时周总理提出来,要自力更生,向橡胶进军。希望用到 5 年到 10 年的时间,把整个海南岛、雷州半岛、西双版纳,整个有 14 万到 15 万平方公里的地方,全部规划成橡胶种植地,这是一个战略上的决策。

雷州半岛考察

雷州半岛海岸线位于祖国大陆最南端,东临南海西靠北部湾,南与海南省隔海相望有东海、南三和硇洲等岛屿,东海岛有海堤与大陆相连。半岛三面环海,海岸线长约 1 180 公里,连海岛海岸线总长达 1 450 公里。雷州半岛主要辖遂溪县、海康县(今雷州市)和徐闻县以及湛江市区的赤坎区、霞山区、开发区、麻章区、坡头区。

华南工作队包括土壤所、华南垦殖局、林业部 3 家单位一起共有 14 人,其中土壤所有 7 人,到广东省湛江市后又分成 3 个工作小队,赵其国所在的这一小队由何全海带队,包括赵其国、石华、邵国础和林业部孙士英、李一琨,华南垦殖局廖先苓、谭田志,共 8 人,主要任务是从 1953 年 9 月中旬至 9 月底在海康垦殖所进行工作,至 10 月初与其他 2 个工作队会合。

1953 年 9 月 8 日,考察队到达广东湛江垦殖所,上午听樊先生讲土壤微生物,下午听华南垦殖局垦殖处罗处长介绍情况。9 月 14 日工作小队从湛江到达海康垦殖所后,在海康垦殖所听情况介绍,了解到海康土壤有徐闻系与北海系二种。森林为甲等,灌木蒿草为乙等,沙地为丙等。海康县胶苗地耕殖情况一是风害问题严重,本区因无森林,防风差,土地亦为平台地,因此在骤来台风或在冬季的东北风来时,橡胶树受害甚大。二是霜害问题,每年 11 月至次年 1 月,霜来时,橡胶苗顶芽枯萎,叶脱落很凶,停止生长。三是土壤雨水冲刷问题。如何解决这些问题,选出最好的橡胶宜林地是每个考察队员都要考虑的。

9 月 15 日,工作小队在海康所,早上去看拖拉机站中耕胶苗地,结合耕耙情况,一一记载。晚上,何全海给大家讲土壤调查问题,讲调查的步骤,包括准备工作,必要的工具、图表、资料、仪器等;野外观察与研究,在野外应从注意土壤的生成与发育问题,特别应该着重从生物因子上研究土壤。9 月 16 日上午,赵其国随工作小队一起出外工作,第一阶段出外测量地形,"结合使用罗盘仪器,开始用步测距离,并填写土壤图,学习熟悉罗盘的用法,测方向、定点位、测坡度,练习步测,知道自己 步是 81 厘米,并学习绘制土壤图的初步绘法,如何把地上的距离移在图上,并适当估计长度与比例尺的换算;决定挖土壤剖面的地点、深度、高低、宽度与观察剖面的方向,在进入观察土壤剖面时应注意什么内容,如何善于分析土壤剖面的形成与发展规律"[①];下午在海康所西北边测附近土壤图,并观察共 3 个土穴,了解河边土壤生成情况。

从 1953 年 9 月 15 日起到 9 月 30 日为止,工作小队在雷州半岛的中部海康垦殖所工作半月。在这个阶段,工作的主要内容是了解海康所土壤与热带植物的一般情况,为下阶段工作打好基础,并在此总任务下进行一些野外调查如绘制土壤图的学习。因此,到海康所以后,工作队首先进行实地的普通调查与了解,以垦殖所为中心,先后至南部亭仔第 1、2、3、4 分场(蕃昌一带),东南至娲西 2 分场、将军市 1 分场(将军市、草蓄村一带)和英央 1、3 分

---

① 赵其国野外考察笔记第一册。

场(英央一带),东北致牌楼3分场(牌楼)和大骨2分场(后坑、大骨一带),西北至后坑3分场、坤山1、4分场(后坑、坤山一带)。在以上各地都进行了土壤与热带植物的一般调查,并采集有关土壤的标本及覆盖植物等标本。9月29日—10月2日,工作小队在海康垦殖所总结前一阶段在海康所调查的情况,并进行部分地区的绘制土壤图工作及总结本阶段工作的收获。

1953年10月3日,工作小队又转到雷州半岛的南端徐闻垦殖所继续工作,到达的当天晚上,在徐闻所听冯所长介绍当地情况。徐闻所位于雷州半岛以南,南去数十里即至海面,由此气候土壤情况均是其特点。本地土壤为玄武岩风化主风壤地区,一般分成两种土系,一种是徐闻系风壤,质地黏重,多为黏壤土;别一种是曲界系土,此种土壤分布在徐闻县以东地区,在曲界附近,此土颜色较淡,雨水甚多形成,而且土质较徐闻系略砂。此两种土壤的共同特点是,一般土层很厚,有数尺,层次不明显,此带虽然在徐闻所是森林地带,但是有机质很少;而曲界多因雨水丰富,其位于草原地带,因此其有机质丰富。

10月4日是星期天,工作小队没有休息,虽然外面天气晴热,还是在徐闻所垦殖股负责同志带领下到徐闻所东北地约1~3公里处观察其8块林地生长情况。其中有几块是"带垦",2块是全垦,有几块是田作,正在进行胶树肥料比较试验,但因有部分胶树是1953年当年才播下去,因此其准确度有问题,不便作必要的分析,仅是作一般情况来了解。

10月5日,早上7点至9点,去徐闻所东南部坑仔墩一带,离所仅3~4里,去看附近老胶园地带胶树生长情况,看到本地带胶树已达十多年,很多是1940年种植的,但无人管理,被人砍伐或破坏很凶,周围均是森林密布,胶树则杂生于丛林中。1951年政府命人砍去胶树近处的林带,在其周围25米处种植木豆,现在留下的胶树多为此种情况下生成的,一般生长达13年,已有些地带被人砍伐,在1952年补植海南苗,现生长得很好,已达2~3米。此地为起伏地形,但相对较高,土壤在表土处为壤黏土,下层近黏土,上层较松。据马溶之讲,此地风壤的肥力低,腐殖质少。

10月6日,赵其国和其他人员一起,随马溶之至愚公楼一带进行观察土壤与苗木生长情况,愚公楼在徐闻所坑仔山东南30里处,此处土壤颜色较淡,在森林区打土钻,其上20厘米为有机质层,其腐殖质并不厚。在愚公楼菠萝山附近地区胶树是徐闻所最老苗地之一(徐闻所坑仔与此处均为老胶树苗地),在没有开发以前有部分苗地是在农业厅领导下开始种植的,1951年种了800亩,植苗15 000株,曾在当时死去10 000株,占70%。在曲界第十九场,是1952年11月5日定植苗,曾在12月3日受过霜,但未死苗,自去年到现在施肥已达11次,长生一般120厘米,长势较好。

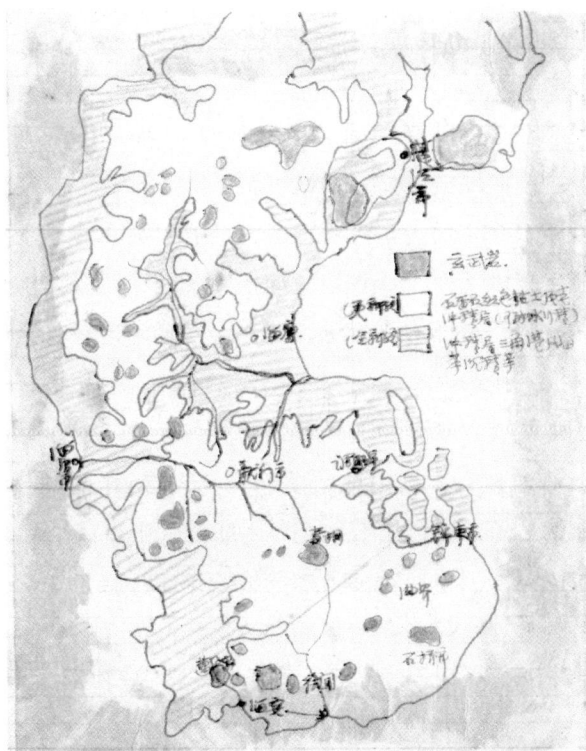

图4-1 赵其国绘海康附近地质图(1954年11月24日)

在雷州半岛考察一段时间以后,1953年10月8日考察小队又转道海南,在海南的西部工作了1个月,于11月台风来临之际又转回来,在徐闻等地继续考察。10月31日~11月9日,因为台风来临,野外考察工作不可能开展,大家在海口等了几天,才于11月9日上午10时由海口转至海安工作。在海安上岸后看见沿海岸上之玄武岩风化之徐闻系土壤剖面,此土壤剖面甚为典型,最高厚约 10 余米深。11 月 11 日,整个考察小队在雷州半岛徐闻所了解所内情况,由该所一位姓董的股长介绍工作,李庆逵对大家在前期工作中碰到的相关问题进行解答。

从 11 月 11 日下午开始至 11 月 17 日,工作小队就围绕徐闻所开展观察土壤与胶苗生长情况的工作。12 日,在徐闻所第十二号场观察带垦种植胶苗情况,此地为草面地,主要为香茅,是 1952 年 10 月定植胶苗,在定植时挖方,其行间 1953 年中耕,而株间未中耕,苗生长不好,叶全枯黄,受台风影响很大。13 日,至徐闻所坑仔第 24 场林带内采集徐闻系风壤土壤整断标本 4 个,标本要求深 1 米,宽 25 厘米,厚约 3 厘米,全部带回以供室内分析。14 日,至下桥附近国营农场了解情况。此场 1951 年到 1952 年开办,初种时仅以农民生产方式开垦种植,对土质地力等情况也不了解,水田在旱时会旱死,水多会淹死。1953 年 3~8 月旱得凶,作物亦旱,水稻也受影响,晚稻因天旱不能插。但在 1951~1952 年情况却相反,不但不旱而且还嫌涝,因此其特点是涝死和旱死。15 日,大家到徐闻所 24 号场附近采集分析标本,共采集毛蔓豆、假番薯、山黄麻等 11 种覆盖作物,均在胶树林中采集以供室内分析其中养分情况,作为今后选择覆盖作物的参考。17 日,考察小队组织考察工作总结讨论,李庆逵初步提出总结提纲内容,包括开垦作业方法、肥料问题和覆盖作物以及土壤微生物情况,为下一阶段的肥料试验工作做准备。

这阶段的工作结束以后,很多人都已经出来工作接近 3 个月,在新的一批人到来以后,组织上安排前期考察的部分人员回所里,一是将考察中采集的标本带回进行仪器分析,二是进行总结和休整,赵其国也在年末回到南京。1954 年 3 月,在广州开完会以后,赵其国和考察小队又到雷州半岛考察,从 22 日开始,首先在徐闻所附近开始进行试点工作,在坑仔第 24 号场进行土壤试点工作,主要是以土壤为单位进行,一部分人出去在附近调查土壤情况,另一部分人在家做采回的标本分析。当时其时正值旱季,雨水少,因此不论在林外与林内,土壤均呈较旱,与 1953 年年末观察到的情况均有差异,是为重要之点。24 日,上午到徐闻所西部近曲界地区第 16 号场内观察胶苗及土壤情况,此事全为高草草原地,主要为禾本科草类及少数豆科,如香茅草、鸭嘴草、白茅草,豆科如山蚂蝗科为多。土质较好,有较多团粒。晚上队内开会讨论与中科院植物所考察小组的配合问题,大家的意见提得不够具体,最后决定分成 4 个小队第二天分别与植物所的人员配合进行工作。

3 月 25 日,土壤考察小队共分 4 队,在徐闻所 24 号场进行综合性调查,赵其国与宋达泉一道在第二队,由复旦大学的一位教授担任领队,在 24 分场分别与植物所考察人员一道进行工作。此中土壤变化甚少,因此只就胶树的行间、株间进行比较,就水分、温度等进行比较,下午在 24 分场北一区看时,仅发现在低有黄化之黄色土壤,其他没有什么大的变化。28 日,上午全队进行分组讨论总结,下午土壤队展开讨论,明确与统一工作方法:一是要重点而深入进行工作,不必要一般性的进行;二是基本的记载是必要的,但是不能仅仅停留在记载。徐闻队要与植物配合重点进行,布置小型试验室,施肥试验 4 月 5 号布置完毕;那大队要研究一定植物、一定环境不同母质的变化情况;要把 1∶50 000 的图填起来。29 日下午,土壤考察队进行本阶段的工作座谈会,分组报告,雷州半岛的考察工作告一段落。

海南考察

海南岛,位于中国最南端,是仅次于台湾的第二大岛,分热带与亚热带区域,以陵水为界,陵水以南为热带、以北为亚热带。海南岛的东部因为风太大,不适合橡胶的种植。橡胶生长要背风、向热的地方才行,风不能太大。岛的西部地区风小,东部的风比较大,北部地区温度比较低,南部地区的温度比较高,考察队的目的主要就是选风小、向热的这种地块。

李庆逵负责南方考察,是海南岛、华南这一带土壤肥料和橡胶宜林地考察的总代表。1953 年 10 月 8 日,工作小队到达海南岛海口市,李庆逵召集大家一起谈了下一阶段的工作情况:一是以那大区为中心,一直到那萨一带,也是胶树分布的界限,进行土壤与覆盖植物调查,不超过 2 周,以普通了解为主,详细的观察不超过 10 天;回来以后在福山附近调查丘陵地的风壤(玄武岩)的荒地。了解不同开垦方式对土壤所引起的变化并结合研究对气象的变化及苗木生长的影响,从而进一步理解应该采取哪种开垦方式对胶树长期生长有利。

10 月 9 日,赵其国和工作小队其他人员在李庆逵的带领下从海口市出发,前往那大市儋县垦殖所天任垦殖场,行进路线为:从海口到龙山市→白莲市→福山→加利市(加利区临高垦殖所)→和舍→和庆第一分场→那大市→那大(儋县垦殖所)→洛兰市天任垦殖场(在那大西北不远)。所走路线是位于海南岛以西地区,近 300 公里远的路程,本段路程主要是起伏地、小丘陵地形,有草原、灌木、森林、荒山地和梯田等。

10 月 10 日上午,赵其国自己在天任所的资料室摘录《林业调查手册》,了解花岗岩、正长岩、玄武岩、变质岩和水成岩等内容。下午,工作小队在天任所讨论工作问题,包括土壤的调查与分析、肥料试验的布置、覆盖植物和开垦方式等。李庆逵谈在海南工作上一阶段的一般情况和调查方式等问题,详细讲解了土壤概图、土壤详图和土壤略图的概念和相互之间的关系,并要求在海南调查中要制作 1∶50 000 的土壤图(概图),土壤剖面图暂不作要求,只制作路线土壤图。晚上,赵其国又到资料室去摘录黄瑞采的土壤肥料讲义,包括土壤培肥、有机质和无机质养分,了解到在华南的 3 个橡胶种植地区中,森林地是最肥的,灌木蒿草地其次,草原地中草地如好白茅、香茅、鸭嘴草又比矮草、蜈蚣草要好。

10 月 11 日上午,赵其国跟其他人开始在那大天任场一带进行工作,观察了天任场第 10 号、7 号和 24 号林地,又到天任场东北地区,离天任洛南仅 1.5 公里的白南附近观察土壤与母岩及胶树生长情况。天任场在那大市之西北方约 10 公里左右,为那大市老胶园之一,一般胶树都是在 1905 年定植,现已生长有 33 年。此地地形为高丘陵地带,海拔 60 米左右,以前为生长很繁茂的森林,但现均已砍伐或被水冲刷,土层冲去很厚,留下有机质较少,其上土中生长很茂盛的灌木林与稀落的森林。其土壤多为片岩风化而成,近灰棕壤,但其有机质很少。下午又到洛南独立分场,此地区为全垦地区,在 1953 年 6~7 月全垦,全垦地带约有 100 亩左右,西南与东北坡度为 3~4 度,已垦地上现发现有冲刷现象,此地原为高草原与较多之林地段,全垦后在其上种植有直播苗每亩约有 33 株。此带全垦区,因为开垦后只是在其上种植很稀的胶树，且为直播苗，其他空余地区未曾利用，因此虽然原为森林地，地面厚，有丰富的有机质，但是这样冲刷，结果会引起很多有机质的冲蚀，已能看见坡斜地有很深的冲刷沟出现，在耕犁后底土的砂粒翻上，经过水冲后，表土之上留下很多小的石粒。而且东北风也有风害，每年10月以后台风少，但是12月至次年1月东北风与北风则较多，因此这种土壤的耕作方式即不能保土，又不能防风，未来发展方向很坏，可能冲刷殆尽，今后应立即注意保土问题。

　　10月13日，全体工作队由儋县所的天任胶园转到临高所的和庆场工作，下午3点，由临高所杨垦殖股长介绍情况。本场地为5万亩，已植胶3万亩，复查宜林地仅7千亩，问题大的是东部的第3分场，不适宜作为橡胶种植地，已全部废弃，而东部第2分场与第1分场中亦有部分林地块弃之不用。本场土壤变化复杂，同一林内的土壤情况变化很大，有好的也有坏的，假若有此情况的话，看其好土占全土的比例数而定，如大量是坏的，只有一点好的，这些好的也决定放弃。10月14日，赵其国和工作小队到和庆场东北木牌路边考察，老百姓在路边全垦地上有数十亩地上，1952年9月定植胶苗，并在胶树的行间种植红苕，行间植物覆盖很好，但胶苗生长不好。此地为森林地全垦，1952年5月开山，7月烧山，9月定植，但因为这处林地是高平台地，其上有机质很少，严重影响到胶苗的生长。

　　10月17日下午，工作小队从和庆场转至那大垦殖所。10月19日，从那大至西北一带，早上先后到达南辰市、大成市等地种植场中进行工作，工作小队又分成3队，赵其国与李庆逵一组在儋县第2分场工作。儋县第2场西北部原为灌木林，砍伐后烧山区，曾长满茅草，现在全变为沙土，苗死亡很多；南部苗是1952年9月定植，生长好，高约330厘米；东北部经测量决定新增2 000多亩宜林地。10月20日，在儋县第1、2分场继续观察土壤与胶树情况，本场胶树生长较弱，树干大多数为细长，只长高不长粗，一般高约2米，但很细，经不起风的吹袭，即使在无风时，因其苗细而长，也呈垂倒现象，问题比较严重。

　　这次考察一直持续到10月底，赵其国和考察队部分人员回南京整理分析前一阶段的考察结果，查阅资料，准备下一阶段的工作。赵其国所在的这个组,土壤所来的加在一起大概有 20 个人,有时轮流回所里、回家看看,歇一歇再去换班,总保持 10 个人盯在那里,连续这么多年都这样。

新年刚过,他又随新一批考察队员回到广东,1954 年 3 月 14 日,赵其国在广州爱群大厦 11 楼,上午听"关于工作计划的报告",下午参加小组讨论下一阶段工作计划内容,考察队在海南岛东路工作重点在于首先总结成功与失败的经验,以找出胶树生长过于适宜的自然条件,与其植物与土壤条件的情况,总结其宜林地标准,再进行选宜林地工作,将宜林地标准进一步区域化、具体化。第二期工作是否结合临高一带,制作土壤概图,然后确定路线图,最后选择宜林地。会议确定,今后海南的工作重点放在高丘陵地区,中部高丘陵屯昌、定安,东部在乐会。现在胶苗生长较好的均在高丘陵地,在低丘陵地在以前是生长较好的,今后在高丘陵与复杂的丘陵地区发展。3 月30 日中午,赵其国与工作小队从雷州半岛南部的徐闻过海去海南岛海口市,下午 5 时到达。3 月 31 日,李庆逵与海南分局讨论关于至那大工作的计划。

海南宜林地的选择开始主要由华南垦殖局海南分局负责,在 1952 年1 月最先开始勘测工作,1952 年 3 月最大规模的进行勘测,到 7、8 月份始结束,1953 年 2～6 月,此阶段乃注意发展森林,提出先森林后灌木后草原,先机垦后人垦的方针,此时已开始注意到综合的关系,此时宜林地乃有了等级,但较机械。其后又提出"要依靠森林,依靠静风环境"。1953 年,又开展复查工作,但其中重点仍以土壤为主,从 9 月至年底,提出向小区域气候地区进行,因而又进行复查,此为综合性的勘察,但是仍然是强调土壤、土壤母质与机械组成。

1954 年 1 至 2 月底,在进行优良母树覆盖以划分土类型时,大家才深入体会到在综合因子下进行宜林地选择,主要是依靠气候情况为主。根据老胶园的考察进一步发现,即使土层较薄,而其上胶树仍生长很好,而在含砾质地区也依然生长很好,超过 70％,而露头达 50％。而下为石头之地均为宜林地,上生胶树。在沙土上也有胶树,以前认为壤沙均不行。了解情况以后,李庆逵和海南局的负责人深入交换了意见,大家一致认为,宜林地选择应该先掌握胶树的习性与发源地情况以进行宜林地选择,另外还应综合环境的综合因子进行宜林地选择,以前特别对小气候是重视不够的。以前强调机械成分,含砂70%均不能用,因此惹出很多问题,应该根据橡胶习性以考虑其综合因子的关系。

4月3日上午9点,赵其国与工作小队从海口出发,下午2点半到那大垦殖所大成场,从4月4日~24日,在大星场第4林区场部周围地区观看土壤与植物情况。大星场位于那大西北30公里处,为低丘陵地,有少数地势变化较大,一般坡度在5度左右,有少部分地势达10度以上。此地为云母片岩风化的风壤,属那大系,因母岩关系,表土为砂壤土,心土为砂质风壤土,离地表50~60厘米则有砾石层,其中主要为石英及云母片岩的碎块。石砾层中渗有少部分的黏土与半风化的云母片岩,故其肥力较高。开垦后土壤有机质少,温差很大,此对胶苗是很不利的。4月25日,在大星第4林区进行本阶段工作总结汇报,讨论覆盖植物方面的情况,认为本区林区不应用全机垦,尽量使其不暴露为好。

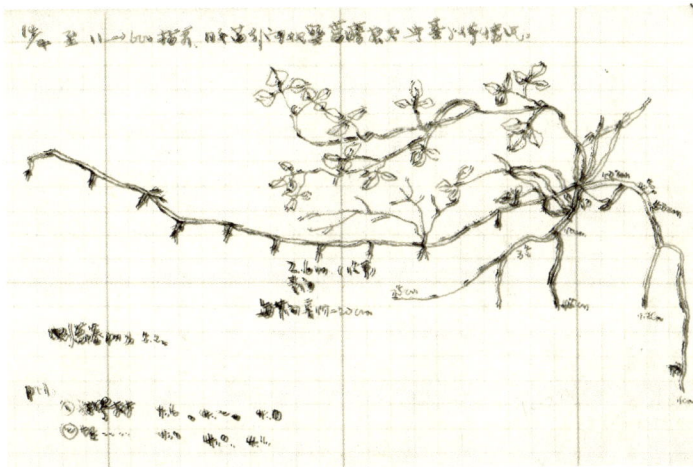

图4-2　赵其国在海南那大大星场第四林区考察所绘菖藤根系图
(1954年4月14日)

在总结时,大家认为土壤工作小队参加海南西路队工作已经一个月了,现在已转入到另外一个新的工作阶段,这段时期的工作,是比较团结紧张的,但是由于全队同志的积极努力,互助团结,开动脑筋的结果,使工作也取得了不少成绩,大家的情绪饱满,都有充分的信心,用更积极的劳动来赢得工作中的新的胜利。开始工作时,工作小队面临的困难很多,工作人员从各处招来,大家对华南的情况都不了解,在业务上大家水平很低,很多同志甚至从未到过海南。在工作方法上,对综合研究的经验缺乏,还得开始摸索,因此在思想上大家开始产生信心不足的情绪,认为工作太艰苦了,这情况都还未掌握如何进行工作呢? 在土壤工作方面开始只有 2 人参加,除开要配合植物组十几人进行工作,还要求在野外工作中进行一些具体分析工作,并且工具也极缺乏,因此,土壤工作开始进行得比较忙乱,与植物组同志讨论研究问题较少,工作是不够深入的。

6 月 2 日,在海口招待所,考察队开会讨论关于下阶段工作的意见,大家认为考察前准备工作要做好,事先要订立与明确计划,先由少数同志拟定提出计划提纲,订立行程计划后发至各工作小队,协调统一行动时间,进行资料和仪器准备。每个考察小队要明确组织领导,队里的责任要分明,政治和业务干部的力量要合理配备,订立制度,并坚持执行。注意适当配备干部,考虑土壤干部的综合性,干部要有必要的业务准备。6 月 8 日,考察队在湛江举行总结汇报会,何康出席,指出当前科学赶不上生产的要求,客观上存在科学基础差,生产在前,研究在后;主观上科学研究工作的计划性不够,与生产实际的结合不够,力量组织不够。

在湛江的总结会开了一个星期,全面回顾总结了在雷州半岛和海南考察的情况,肯定了成绩,也发现了存在的不足之处,大家收获都很大,解决了不少问题。6 月 17 日,赵其国由湛江出发,赴广西考察,在海南的考察暂告一段落。

西双版纳考察

广西的考察范围不是很大,时间也不长,前后持续了不到 1 个月的时间,之后,根据上级安排,赵其国与考察工作小队把工作重点转移到云南的西双版纳地区。西双版纳的地区的 12 个州,在它的南部地区,包括景洪和勐腊,都有橡胶种植。

西双版纳这些地区有大量的热带雨林，里面的树很高，有的有几十米高。经过考察队调查以后，一旦确定某个地方可以种植，部队马上把这个地方的树全部砍掉，树砍掉以后，就地烧掉。那么大的树，拖也拖不出来，就在那边烧，烧得整个山上乌烟瘴气的。这个工程相当大，有时把树围起来烧，要烧几个月。林地烧过以后，用斯大林100号的拖拉机，把土地翻一遍，平整以后把橡胶种子种下去。这样原来热带雨林的林地就变成了苗圃。

　　在西双版纳考察的时候大家很多时候就是钻到林子里去。真是林子大了什么都有，林子里面有大象，有蟒蛇，各种各样的野兽，刚开始有一次赵其国走在蟒蛇身上了，都还不知道是蟒蛇。因为在野外比较危险，所以都是军队派人跟考察队员一起进去，都是一比一，他们带着武器，一个小组一般20多个人，其中当兵的10个，考察队员10个，一比一地保护，怕被野兽吃掉。有时远远一看，就像押着犯人一样，早上一个个押进林子里去，晚上再一个个押回来。有时林子比较大，走得比较远，晚上考察结束了出不来，全部就在林子里宿营。搭帐篷，烧篝火，把火烧起来，晚上就住在林子里，有时钻到里面五六天才出来。选好一块地，通知上级，就有部队过来砍树，砍倒后大拖拉机进来，能拖就拖出来，拖不走的就烧，慢慢地把林地平整出来。

　　钻林子十分辛苦，别的不说，单单蚂蟥就让许多人受不了。那时赵其国穿的袜子是防蚂蟥的，是用比较厚的布做的袜子，袜筒比较长，可以套在裤腿外面，然后拿布带子再绑扎起来。但蚂蟥太多了，在前面第一个走的人要好一点，最后走的人，身上能爬几十条蚂蟥。蚂蟥趴在皮肤上，有吸盘，轻易不会掉下来，它专门吸血，吸饱了人的血，它自己就掉下来。一个蚂蟥能吸很多血，吸饱以后，粗的有人的手指这么粗，全是血，才掉下来。赵其国的身上也让蚂蟥叮过，记得打掉的就有五十几条。有时候被蚂蟥吃得没办法，有人会抽香烟，就专门用香烟烟灰，红红的烟头，在蚂蟥吸过的伤口上烫一烫，烫肿了血就止了。几乎每天都过的是这种生活，也没有人叫苦。

　　不管怎么说，赵其国还是完整回来的，也有人就再也没能回去。那个时候年轻，就在野外考察的过程中，好几个人，因为意外被水流冲走，死在考察途中。有时刚下过雨，往往水流很急，虽然是手拉着手过河滩，但一不小心水冲下来就把人冲走了。北京地理研究所里有好几个研究员死了，当时赵其国印象蛮深的,到现在还记得清清楚楚。其中有一位是刚从苏联留学回国的赵世祥同志,他从北京的中科院植物所过来工作。一天,在野外调查返回住地的途中,正遇山洪暴发,不幸被卷入洪流,献出了他宝贵的青春,那时他才 28 岁。后来大家在整理他留下的日记时,发现有一段是这样写的:"我立志要为中国有自己的橡胶与热作基地而发奋工作,中国应该是一个富强昌盛的中国,这就是我一回国就报名加入边疆工作的唯一理由"。

图 4-3 云南考察途中在金沙江渡桥上合影(左 1 为张俊民,左 2 为赵其国,左 3 为邹国础,右 1 为龚子同,1957 年 5 月)

那个时候,考察队的这些小伙子,几乎都是刚从各高校选来的毕业生,每个人身体都很好,每次都背着糯米饭、馒头之类的干粮出发,喝水就喝林子里面的水,有些小河沟,有的时候水还蛮清的,直接捧起来就喝。但是也要注意要选择,有时喝不好要死人的。好多经常搞野外调查的人都有经验,哪些水能喝,哪些水不能喝,特别是有一些当地人,他们都很清楚。在外面越简单越好,基本上用餐都是糯米饭、馒头就凉水,吃点咸菜。糯米饭算是当地比较流行的吃食,就是把糯米煮好以后,饭里面包一点咸菜,再用芭蕉叶捆在身上,饿了就啃这个。晚上稍微可以吃一点饭,中间吃的全是糯米包咸菜,南方糯米多,又经饿。馒头比较少,南方人也不大喜欢吃面食。

苏联专家也参加调查,坐吉普车时常呆在一起,但吉普车很少,好走的路都是骑着马,不好走的地方就凭两条腿走,顶多拄根棍子。苏联专家在当时很受上级的重视,虽然其中很多人并不懂橡胶,但是那时因为"一边倒",凡事都有他们参与。他们来了好几个人,主要做生物地理群落研究,包括土壤、动物、植物、气象、群落,这样组成 1 个生物地理群落学的研究组,组长叫苏克切尔夫,共有 5 个人,植物、动物、生物、环境、土肥各 1 人,单独在一边。他们把橡胶也作为一个研究对象,参加中方考察队的工作讨论。李庆逵担任综考队的队长,是中方考察组的首席科学家,负责全面的工作。另外,还有中科院植物所的吴征镒,是植物学专家,生物学方面的专家是侯学煜。苏联专家主要跟植物所联系比较多,跟吴征镒一起开展一些工作,后来 1955 年中苏关系破裂,他们就全部撤走了①。那个时候赵其国才从大学出来,还是毛头小伙,只是作为工作人员,跟在李庆逵等人后面边干边学,主要负责采标本、做分析、写报告这些基础性的工作。

橡胶树都是长在雨林地区,那里主要是傣族聚居地,他们都穿裙子、住竹楼。赵其国等人也住在他们的竹楼上,吃他们用一种树皮煮的茶叶蛋,吃傣族的糯米饭,喝他们的井水,有时还有牛肉或者牛肉干什么的,倒也蛮有意思的,也没那么辛苦。

有时采标本要到龙山里去,龙山是当地少数民族的人死了以后埋人的乱坟岗,抛尸的地方。龙山的树,大多保持着原始森林的样貌。因为那儿用来埋人的,多少年都不准动,树也是好多年没砍过。到那里采的标本用来做实验才能做对比,人工林就不适宜做对比。晚上去那种林子里面,黑乎乎的,赵其国和其他人打着灯笼在里面采标本,两人一组。一个人还不敢去,还有点怕,一来怕鬼,二来那林子里面有时有些小狐狸、猴子、黄鼠狼、小金钱豹出没,热带的小金钱豹还是蛮厉害的。怕,也要去,工作不能不做。两个人在一起,一人带着大棍子,一人提着灯笼,这种生活大概断断续续的前

---

① 1952 年 8 月,周恩来率团访苏,中苏签订了《关于苏联援助中国种植和割制橡胶的协定》,苏联准备贷款帮助中国发展天然橡胶,并派专家参加这一工作。1953 年,随着朝鲜停战协定谈判的进行,国际形势有所缓和,中国与锡兰(今斯里兰卡)签订了橡胶贸易合同,当时苏联也研究成功合成橡胶,在斯大林去世后,苏联就陆续从中国撤回橡胶专家,事实上中止了中苏合作协议。详见蔡基松:"激情燃烧的岁月—访新中国天然橡胶事业的创始人、原农业部部长何康",《中国热带农业》,创刊号,第 14 - 15 页。

后有好几年时间。

除了吃饭睡觉,赵其国和同事一起几乎整天趴在橡胶树上面、下面测它的生理效应,排出的二氧化碳,吸收的氧气,吸收土壤里肥料的滚动性。采集标本,要爬到树上,24 个小时都有可能钻到林子里去,有时晚上 12 点还往里钻。4、5 年就做这个工作,实验的目的是为了保证橡胶种植成活以后要能够长期生长,保证高产稳产。千万不能过两年就死了,这可是一两黄金一个种子买来的。所以,那时大家都是自觉地、拼命地工作,有股子精气神,因为感觉到自己的工作跟国家的利益是联系在一起的。

在橡胶种植的土壤基础研究上,赵其国和同事们总结了很多经验。现在东南亚种植橡胶也是按照他们的思路往上填补的,土壤所在那边办了很多学习班。橡胶种植与其他农作物栽培不一样,不能施一般的氮肥、磷肥和钾肥,要施长效肥。一年生的植物用普通氮磷钾肥可以,而橡胶是多年生的,种下去以后可以生长 70 年,经济寿命也有大约 40 年,每隔 3 天割一刀,使用的肥料必须是耐久的、持续的,而且要在几十年里能够循环的。比如磷肥,不是施一般的过磷酸钙,而是直接用磷矿石,磨碎了作为肥料。用磷矿石来做橡胶种植的肥料,这在橡胶种植史上,中国是第一个,这在肥料史上是个很大的贡献。磷矿石在普通庄稼地里不能用,因为效果出不来,庄稼长不好。

赵其国就这样坚持工作,海南岛干完了,就去雷州半岛,最后到西双版纳,西双版纳 12 个州跑了 3 个州。在西双版纳连续考察了 3 年,才把宜林地选出来,橡胶种子播下去都顺利长成幼苗。现在坐飞机到那儿看看,到西双版纳看看,全是橡胶树。原来好多热带雨林,全变成人工的橡胶林,这个工程可不得了,那是周总理发出号召,几万人齐心协力打了一场漂亮的橡胶战。

在华南橡胶宜林地的考察过程中,取得几项最重要的成果:第一,就是中国能够发展橡胶,可以大面积种植生产高产优质橡胶;第二,橡胶北移的纬度,比世界其他地区橡胶北移的纬度还要前进几度,推到热带纬度最北端,并且往亚热带地区推,在广州南面到雷州半岛的北线,也可以种橡胶;第三,现在中国培育的高产橡胶新品种已有一部分推广到在东南亚地区,甚至世界其他地方也来引种。这无论从理论上、实践上，还是到生产上、国防上来讲，都是比较成功的，最后得到国家的特等奖。

在 20 世纪 50 年代到 60 年代，得到国家科学的特等奖，土壤所是第一个。但这个特等奖是集体的特等奖，不是赵其国个人的特等奖，主要以李庆逵的贡献最大，赵其国只是跟在后面做具体工作，但至少跟这个奖也沾点边，感觉自己在华南这 8 年的辛苦和付出还是值得的。

当然，橡胶宜林地选择也不是全部都成功的。原来最北边推到北纬 22 度，亚热带的茂名，广东茂名比较靠北，寒潮一来，橡胶树就死掉了好多。另外在广西的防城港，靠海边，海风比较厉害一点，也失败了。选择不当，种植失败的至少有 3、4 个地方，一个是纬度太高不行，一个是靠风浪的地方不行。这几个地方失败，是在还没有研究透彻的情况下失败的。但成功的地方，占到百分之七十，失败占百分之三十，因此有失败的教训，不能说绝对成功。

不管怎么样，现在我国的橡胶种植面积和产量都是比较大的，整个生态选择的结果也证明我国可以种植橡胶，并且将来还要培养可以适应新的环境的新品种，不是像生长在亚马逊河流域的怕风怕寒。因为亚马逊河流域根本不会经常刮大风，而是无风、高热、高湿的环境，到我国广东地区就不一定了，有时候台风影响，就造成减产，造成损失。总之，从大的方面说，橡胶宜林地的选择还是成功的，失败的教训有，不是主要的，实事求是地看就是这样。

第五章
受命援建古巴

　　1963 年毛主席接见卡斯特罗后,决定从中国派土壤、渔业、文化等专家组赴古巴执行国际援助项目。当年 7 月,马溶之所长负责土壤专家组,带领土壤所几位同志第一次到哈瓦那与古巴科学院商谈援助计划,并进行一般性考察。回所后,1964 年 9 月,土壤所组成由地理、农化、物理、温室等专业 4 位科技人员为主的援古土壤专家组,由李庆逵带队到古巴正式开展工作。专家组的主要任务是在 3 至 4 年内援助古巴科学院建立古巴土壤研究所,并结合开展古巴土壤考察研究,培养古巴土壤研究人才。开始,由古巴在哈瓦那近郊,修建了一座包括办公室、试验室、温室、宿舍等占地近 1 000 多亩的古巴科学院第一个土壤研究所。接着在哈瓦那大学等单位挑选毕业生及实习生等 30 余人,加上中国专家组与古巴的几位土壤学教授,共同组成地理、物理、生化、农化(包括温室)4 个研究室。所长由古巴教授担任,中国专家组组长参与土壤所的领导工作,整个工作从 1964 年底正式开始,一直到 1969年 1 月才结束,前后历时 4 年。

援建古巴土壤研究所

1963 年 7 月,马溶之所长牵头去古巴,赵其国是专家组成员之一。第一站去的是首都哈瓦那,在那儿大概待了不到 1 个月。古巴有 7 个省,从东部到西部,面积大概有 11 万 1 千平方公里,比江苏省稍微大一点,像一个很长的岛。中国专家先跟古巴科学院交流工作情况,了解未来需要做哪些方面的工作,并把相关的工作计划安排好。然后,赵其国跟着马溶之一起到野外看了一下工作情况。古巴这个地方基本上是一个热带地区,它的热带性的气候条件,比中国南方省份的温度还要高。古巴又属于海洋性气候,因为它实际上是岛国,周围海风比较大,气候很好,特别是在夏天。

了解了这些情况以后,马溶之很快就回国着手组织专家小组,根据前期掌握的情况,经过所里研究以后,组成古巴工作组,准备赴古巴开展工作。1964 年 9 月,李庆逵担任组长,带着工作组去古巴。工作组成员一共有 4 个

图 5-1 马溶之率我国土壤专家援助古巴开展土壤调查研究,受到古巴总统卡斯特罗的亲切接见(从右起:赵其国,陈家坊,卡斯特罗,马溶之;左 2:鲁如坤。1964 年)

人,赵其国负责地理和野外调查,鲁如坤是负责温室,陈云升负责物理方面,罗志超负责农业化学分析。到古巴以后,先到中国驻古巴使馆,当时是王幼平任大使。后来,王大使带着中方专家组成员一起和古巴科学院院长商谈,并签了一个协议。古巴科学院提出要建立一个土壤研究所,因为古巴科学院的土壤研究工作,以前有一点基础,但还是比较差。苏联专家在这里工作了一段时间,都是考察性质的,没有实验分析的内容。其实美国土壤专家也来古巴工作过,那时古美关系还很好,但自从卡斯特罗上台以后,美国人就撤走了,所以工作也没怎么进行。

确定要帮助古巴科学院把土壤所建立起来,随后就是选址。在离开哈瓦那市区不到 10 公里左右的郊县,就是半农村的城市边缘,选了一个地方。那个地方地形有点起伏,是块岗地,气候也很好,环境也不错,就圈了一块地,大概有 100 多亩,不到 200 亩地,完完整整。另外还选了将近 1 000 多亩,作为试验地,用来盖温室等。地选好了就开始规划,规划是由中方专家做,具体由古巴科学院来实施。他们在那边修了些小平房,不是很大的高楼,因为古巴一般要防台风等灾害天气,因此房子修得很矮,但是修得很漂亮。房屋外面结构比较简单,但是里面全是先进的电气设备,因为它靠美国很近,很多东西就从美国买过来,像电视机很早就有了。

只用了两三个月时间,古巴科学院土壤研究所基本的骨架就建立起来了,一个办公楼,还有几个实验室。实验室有一个地理研究室,一个化学分析研究室,以及生物研究室和温室都盖好了。所有这些建设经费都是由中国政府提供的,包括中方专家在那里工作的费用。温室栽培要用到很多盆盆罐罐,都是从景德镇做好盆栽试验的盆子用船运过去的。1965 年,中方还向古巴科学院赠送土壤实验室技术装备一套①。

办公和实验条件具备以后,中方专家就开始准备开展相关工作。根据古巴的自然条件,面积有 11 万平方公里,初步确定要进行全面考察。首先按照 1∶50 000 制图,分成 800 多个方格区域,绘制了 800 多幅图,每个方格都要进行实地考察。考察组持有军事通行证明,无论军事基地还是什么地方,

---

① 周健民主编:《中国科学院南京土壤研究所发展历程》,2003 年,第 12 页。

都是畅通无阻。这些工作,在进行考察之前都准备好了,包括我国外交部、古巴科学院等各方面都协调好了。

在热带地区,古巴属于中美洲的北面的加勒比海地区,它的气候条件,在7、8个加勒比海国家中,最具有代表性。古巴之前虽然跟美国、苏联等都有过合作,但最终都不了了之,没有建成成建制、上规模的研究机构。中方专家组作为国家派出的一个工作组援助古巴,首先是在学术上做得很规矩、很严谨,认真完成了古巴地理调查、资源调查、环境调查和气候调查工作,并对它的土地资源和土壤环境的未来发展趋势、对农业的影响等情况,都有系统性的论述和总结,之前没有这么系统性的成果。古巴的土壤地理环境,中方专家是首次认识并加以研究,在学术上很多新的见解,并协助古巴科学院建成一个很稳定的、具有国际代表性的土壤研究所。

在古巴开展土壤调查

土壤所的野外考察任务主要以地理室为主,该室先后共有近12人参加工作,其中古巴大学生5人,技术与制图人员5人,专家组仅赵其国与刘兴文两人。几年来,赵其国带领6～8位古巴年轻土壤工作人员,分乘几辆吉普车,跑遍古巴5省1岛,东西长1 200公里,南北50～80公里,每天清早出发考察,采土、制图、访问,中午吃点面包和水,下午继续工作,到4点返回驻地整理土壤和植物标本,晚上还要讨论第二天的工作计划。每天的工作地点不一样,工作内容基本相同,就这样周而复始,坚持不懈,几年中人员不变,吉普车却换了4辆。

在古巴开展野外调查、采标本,从东到西几个省,面积有11万平方公里,相当于江苏省这么大,甚至还要大一点,就凭专家组这几个人是远远不够的。标本采起来也不是一两年的事情,除了要把标本采好,还要进行实验室分析才知道植物的生长情况、土壤的农业生产可能性等情况,这些工作量是

图 5-2　在古巴野外考察（后排左 1 为李庆逵，左 3 为赵其国，1965 年）

十分巨大的。所以，除了建设实验室、做计划之外，根据古巴土壤所的建设需要，中方专家组开始选择培养古巴本地的土壤科学工作者。

　　哈瓦那大学是古巴最出名大学，专家组就挑选当时刚毕业不久、还留在学校里面的一些学生来做实习生。因为主要是做野外调查工作，所以都挑能在野外跑的身强力壮的小伙子，一般也就 20 多岁。做物理化学试验的，主要工作在实验里，这样的就挑一些女学生，做化验工作。男孩子在外面跑，女孩子不太愿意在外面跑，就在实验室里做实验工作。第一次挑了有 20 几个人，哈瓦那大学挑不到的情况下就找其他具有实验技术的学校老师，抽调一些老师，就这样凑成一支古巴土壤研究工作的队伍。

　　所有人一共分成 4 个组，赵其国负责地理组，鲁如坤负责农化组，陈云升负责物理组，生化实验室的老张负责生物组。另外，罗志超负责温室的工作。赵其国等 5 人担任专家组的组长，每个人后面都有古巴原来在学校从事教学科研的土壤科学方面的一些教师，教授也有一两个人。这些教师每组分配一两个人，然后再带一批学生，加起来每个组有 10 多个人。其中规模比较大的就是地理组，由赵其国负责，因为这个组包括野外调查的人、绘图的

图 5-3　在古巴野外考察（左 1 为赵其国，1966 年）

人，都比较多。11 万平方公里，要绘制几百张图，最后还要拼在一起，拼成一张 150 多万分之一的图，这个工作量可不少。标本采集也要有几十万个，每平方公里分成 4 个方格，每个方格就要采一个标本，加起来就很可观。

赵其国按照计划将野外考察的人员再分成 3 个小组，同时开展工作。一开始就是 3 部吉普车，分头考察，一个省一个省跑，连续跑了将近 3 年，车子全跑坏了，后来补充了苏联生产的 4 辆汽车。在工作上，赵其国这个组节奏尤其紧张。因为要采标本，要在野外工作，对天气要求比较高。古巴的天气很奇怪，上午一般很好，天气晴朗，但从下午 3 点开始到 4 点半就下雨，一直下，而且下得比较猛，不是一般的毛毛雨，是一种很大的骤雨，还刮很大的风。下雨 1 个小时到 1 个半小时，下完以后，又是天气晴朗。古巴的每一个城镇往往会有一个中心，人们经常在那里聚会、休闲。赵其国一般都是早晨 6 点出发，坐车子出发去调查，调查到下午 1 点半钟，就赶紧回到固定的驻地，等待下雨。下雨的时候考察队员就休息，休息到 4 点钟左右，雨一停，赵其国就又出来采集标本。

每次出去，赵其国和中方专家来回都坐汽车，要带着设备、材料等，古巴的学生都是坐飞机回来，很快就可以到家，因为机票很便宜。飞机票就像国内的汽车票，一买一沓子，比汽车还便宜。古巴男人出差很少，即使出去，一般在外面时间不长就必须回家,而中国专家在野外考察,是不允许带家属同行的,也没有这个条件,所以一开始古巴的学生每个星期要回家一次,对工作影响比较大。中国专家在外面工作 1 个月或者半个月无所谓,他们不行,要影响到家庭,很复杂。

因为这个事情影响到工作进展,当时李庆逵年纪大一点,就没有出面,而是由赵其国出面,跟王幼平大使反映这个情况。王大使让赵其国直接跟古巴科学院有关负责人商量,请他们做这些古巴学生的思想工作,适当延长在野外工作的时间。古巴人说不行,后来赵其国就说出去 1 个月回家一次,至少在外面工作 1 个月。因为人走了,汽车、设备、材料不可能一起回来,人可以坐飞机,汽车就不能开回来了,那么远的路程,来回很麻烦。如果一个月回来一次,一年就安排 7、8 次野外考察,这样任务就完成得比较快。结果,第二次找古巴人商量工作计划安排的时候他们就不来了。头一天赵其国和他们谈得好好的,有吃有喝、有说有笑的,到第二天讨论计划时,这些年轻人一个都不来了。

后来使馆的王大使打电话给赵其国,告诉他这些古巴的小年轻,一个礼拜要回来跟老婆见一次面的,时间长了不回来与老婆见面的话,容易出家庭纠纷。因此,后来安排工作时,赵其国就对古巴学生说,出去考察安排 1 个月,每个星期给他们两三天假回家一次,其他人不回来,就在考察大本营等着。赵其国和其他留下来的人就画图、整理材料。定了这样一个规矩,古巴的学生同意了,工作得以继续开展。后来,到了 3 个月以后,古巴的学生主动提出来两个礼拜回家一次,到了半年以后,一个月回家一次也可以。到最后,赵其国带着他们在野外最长的时间是两个半月,这些古巴的学生也跟着他出差两个半月,中间也不回家。当然,工作要做,家庭也很重要,所以,只要条件允许,赵其国就让他们把自己的家属接到工作地点邻近城市来玩,机票由赵其国负责解决,这样的做法很受古巴学生和他们家属的欢迎。另外,赵其国也利用在使馆休整的机会,请古巴的学生带家属到使馆来参加聚会,通过这些活动,使双方之间的关系相处得十分融洽。当然,最重要的还是赵其国等中方专家的工作精神和工作状态实实在在地感染了他们。

中国专家对古巴年轻人的培养方式是"学、教、干"。首先要他们在野外实地学习土壤调查与制图的操作技术与方法,回所后系统对他们上课讲解土壤学的发生、分类、制图的基本体系与原理,再就教大家在工作中、结合古巴土壤实际,亲自进行野外全套操作。最后使他们通过工作锻炼,能真正熟练掌握古巴土壤调查的系统方法。赵其国正是通过这样多种形式,几年下来就使与中方专家共同工作的古巴学生均具有了独立进行土壤考察与研究的工作能力。

图 5-4　赵其国(右 1)在古巴野外考察中给大家讲土壤标本的采集方法
(1966 年)

在古巴的考察分东、中、西 3 段进行,第一年赵其国在古巴东部,第二年在中部,第三年在西部。另外,古巴还有一个岛,叫松鼠岛。这个岛是由非常特殊的石灰岩形成的一个石崖地形,就是风化的还比较年轻的石灰岩,像牙齿一样,还没有完全融成盆地,就这样一个尖涯地形。在世界上,这是一个很特殊的土壤,有很多热带的土,土壤里面种植的植物也很有特点。这样特殊的环境结构,南美洲很少有几个国家可以与之相比,全世界也很难找到这么好的石灰岩的石崖地形,石崖地形的岛,因此,赵其国花了很多时间研究。

野外考察结束以后,赵其国又花了六七个月时间带着大家一起进行总结,包括绘制各种土壤地图,大比例尺变成中比例尺,中比例尺变成小比例尺,最后完成 1∶250 000 的图。这个图完成以后,再撰写工作报告,后来这份报告在古巴出版,是西班牙文。这本书虽然是赵其国主编,但并没有署赵其国等中国专家的名字,只写了中国科学院的单位名称。这是"文化大革命"以前的事情,比较复杂,但是赵其国是按照国家的要求写的报告。

中古专家的深厚友谊

通过几年的工作和生活,古巴方面对中国专家多年长期在外工作的刻苦耐劳、团结友好、坚持不懈的国际主义奉献精神十分敬佩。古巴人有一个生活习惯,每天早晨都要喝一杯咖啡才开始工作,可见咖啡在古巴的地位非常重要。古巴的咖啡非常浓,一般就是一小酒杯那么多,但古巴人,几乎所有的人,包括司机,要是没有咖啡喝的话,开车子都没劲,就像有酒瘾的人要喝酒一样。古巴的咖啡店街头巷尾都有,人们早晨就为喝这么一点点咖啡,常常排队。咖啡价格也不低,一杯咖啡一块钱。赵其国早晨从来不喝咖啡,喝一点牛奶都不容易。古巴人可不能这样,咖啡一定要喝,晚上睡觉前也一定要喝。不喝做什么事情都提不起精神来。但是这些古巴的学生、年轻人跟赵其国一起工作生活一段时间以后,慢慢的咖啡也喝少了,因为喝咖啡耽误时间。起先1个月、2个月,还是每天要喝咖啡的,甚至碰到下大雨,也要停下手上的工作,先去喝一杯咖啡。古巴很多雨,经常下,他们就经常喝咖啡。赵其国也没有办法,你喝你的咖啡,中国专家先走、先工作。后来慢慢地他们也不老喝咖啡了,就早晨起来喝一杯。早晨起来那杯是没办法省掉的,但中午跟下午的那几杯都省掉了。一切安排就绪以后,野外考察的工作逐步展开,各方面都是有条不紊地推进。

古巴社会治安很好,而且古巴人民对中国专家也比较友好。野外考察哪里都去,考察组带着一份证明,类似介绍信,上面盖有3个章:一是军事的,类似国防部的章;二是政府的,类似国务院的章;三是古巴科学院的章。古巴军事基地很多,包括关塔那摩考察组都去。当时在关塔那摩的监狱、机场旁边挖洞,依照图上所分的4个方格,每个方格里面打一个洞,用土钻,打洞采标本,然后用纸盒装起来了,带回实验室化验。进门之前都是给守卫看介绍信,然后就允许考察组的车子开进去,有时会询问一下,都是由赵其国的古巴司机解释,有的单位还会安排考察组的人吃一点面包、水果,休息一会儿,十分友好。

在古巴,赵其国还爬过当地 2 000 多米的一座山,叫马埃斯特腊山,这个山是古巴最高的山,爬了 3 天,开始是骑马上去,到陡的地方,全是石灰崖,只能是手脚并用爬上去。马埃斯特腊山是古巴东南部的山脉,东起关塔那摩湾,西至克鲁斯角,由几列平行的山脉沿着海岸绵延而成,主峰图尔基诺峰是古巴的最高峰,海拔 1 974 米。赵其国和考察组的人在山顶上搭帐篷住了一个晚上,并且把自己的名字签在主峰的岩石上面,之前还没有哪一个中国人的名字签在马埃斯特腊山上。

图 5-5　在古巴野外考察时短暂休息(左 1 为赵其国,1967 年)

除了出去考察以外,平时中国专家每到周末会到大使馆去改善生活并参加政治学习。每逢星期五的下午到星期一的上午这段时间,赵其国和其他人一起回到使馆,大使馆专门给他们安排一个小楼,叫专家楼,除了赵其国等土壤所的人以外,还有渔业专家和其他人,都会聚在一起。中国驻古巴大使馆条件不错,大家吃住都在使馆里面,参加政治学习,听有关国内的情况介绍。一般是参赞给大家介绍情况,有重要文件或会议精神,王大使也会亲自传达。因为中国专家在工作中要面对古巴社会上各种各样的人士,他们会问到许多感兴趣的问题,所以政治学习很重要,在对外工作中如何宣传、推广中国专家的想法、思路,可以有一个政策上的保证。除了业务活动以外,中国专家还要参加一些礼节性的交往活动,每逢国庆节和春节,要到大使馆参加中古各界人士联谊会,所以事情不少,工作也挺紧张,生活很充实。

古巴雨特别多,下雨休息的时候,赵其国有时也会到市中心的广场去与当地人一样休闲,进行一些必要的社会交往。有时听到、见到一些事情,或者社会状况,也向使馆汇报。有时还会拿一些宣传毛泽东思想的杂志、报纸与当地人交流。晚上吃过晚饭以后,赵其国和考察组的人就分头整理资料,白天走过的地方、做过的事情都要记下来,第二天的工作安排、人员调整也要想好,采集的标本要整理归类。从早到晚都是忙忙碌碌的,也不觉得累。

原先是李庆逵担任专家组组长,1966 年中期的时候,"文化大革命"开始以后,他就被调回国内,回到南京土壤所。他回国的时候赵其国都不知道,也不能跟着一起回来。想回国,必须国内批准,使馆同意,而且赵其国等人到古巴工作的中间是不准回国探亲的。出来之前就有心理准备,当 3 年和尚。但李庆逵 1966 年突然调回国内,赵其国感到不可思议。后来才知道,他回国是参加批斗,而且是作为反动学术权威被批斗。因为国内的这些情况赵其国不了解,家里写信的时候是不准谈这些东西的,而且写信都要经过造反派检查后才能寄出,弄不好就是里通外国的罪名。即使这样,听说还是给赵其国加了不少罪名,只是他不知道而已。

"文化大革命"开始以后,李庆逵、马溶之和熊毅都被批斗了,都是反动学术权威。赵其国等人在古巴工作,等于避开了"文化大革命"的风头。本来 1966 年南京土壤所的造反派也准备把赵其国调回来,但王幼平大使不同意,说中国和古巴的关系十分重要,而赵其国的国际合作任务还没完成,还差 1 年多才能完成,这个时候中断合作,国际影响很大。最后,赵其国就留在古巴,并且具体负责相关工作,担任专家组组长、兼党小组的组长。当时能够回来的人,陆陆续续调回来几个,他们回来以后,又换了几个,回来人的当然不是像李庆逵这样的权威,也没有受到很大的冲击。因为所里面的各方面关系很复杂,后来换来的人业务上稍微欠缺一点,但赵其国知道这个情况以后,还是坚持把工作做好,反正大部分的工作已经完成,影响不大。

不过,1966 年底到 1967 年初的时候,南京土壤所还是要求赵其国把手头的工作立即结束并回国汇报,但是当时主要工作实际上根本就不可能立即结束,正处在关键的总结阶段。后来赵其国想,实在不行就先回国就汇报再说。听说他要回国,古巴土壤所的所长就来与他告别,并提醒他回国以后要注意自己的安全。因为之前他曾经到南京土壤所访问,一是参观考察,二是答谢的意思,感谢南京土壤所为古巴提供专家和技术支持。但是他到了以后,看到南京土壤所情况混乱,连李庆逵造反派都不让见,感觉问题比较严重,这才特地跟赵其国讲一讲国内的情况,好让他心中有数。

那时跟家里通信很少,国际邮费也很贵。有时候家里一个月才来一封信,信里又不敢讲什么内容,大都是讲国内的大好形势。特别是家里面遇到的情况,像被贴大字报什么的,从来都不敢讲。另外,通信都是要经过检查的,工宣队要检查,不然不让你寄出去。赵其国刚开始到古巴的时候寄回去的照片家里还能收到,后来寄的照片都收不到了,都由军宣队拿掉了。

虽然家里没有给赵其国写任何信,但他还是很快办好手续坐飞机回国了。到所里时,正是文化大革命热火朝天的时候,所里面全是军宣队、工宣队驻扎,要赵其国交代在古巴里通外国、投敌叛变等罪行,光罪名就有七八条。赵其国说,在古巴几乎每天晚上学习毛泽东思想,在每个市镇的中心与古巴人交流时都是拿了很多报纸、杂志去散发,宣传毛泽东思想,怎么会投敌叛变呢?他们反复地要赵其国交待,让他思想上背上沉重的包袱。

后来妻子刘畹兰跟他谈了一些情况,告诉他家里被人贴大字报,贴了几间房子的大字报,一层又一层,还到家里把赵其国寄回来的好多照片抄走。比如赵其国跟卡斯特罗在野外的帐篷里谈话,喝点甘露、咖啡,照了一些照片;赵其国在海里游泳,与外国人交往的一些照片。本来这些照片寄回家,是让家里人了解赵其国在外面的生活,让他们放心,但最后都成为赵其国"叛国投敌"的罪证。家里妻子、儿女也因此受了不少罪,虽然不是在肉体上,但是在精神上让他们感觉很紧张,不知道赵其国在古巴到底干了什么事情。

就这样前后有一个星期时间,最后赵其国被搞烦了,就说不去古巴了,你们爱派谁去派谁去。后来这个事情就传到古巴科学院,特别传到中国驻古巴大使王幼平的耳朵里。他向上级部门汇报,说原来赵其国回国的时候,古巴方面和大使馆说好,是允许他只回来两个星期,但是现在因为一些事情,要超过这个假期,对国际上、对古巴方面没办法交代,是影响了外交的事情。后来中国科学院就有人打电话到南京土壤所,科学院的造反派,也是军宣队的一个领导,指示 3 天之内必须将赵其国放回古巴,等那边工作结束以后再回来接受审查。就这样,在上级安排下,赵其国从南京直接飞北京,到北京的第二天就坐国际航班到古巴,很仓促地跟妻儿简单告别,又回到古巴工作了 1 年 2 个月。

古巴方面为赵其国考察小组配备教师和学生,主要是大学生,这些人跟在赵其国们后面工作,几年下来,都成为具有一定能力、能独当一面的科研人才和管理者。其中,赵其国的一个学生,后来成为古巴土壤学会的主席、古巴科学院的副院长,另外一个成为南美资源委员会的副领事。1980 年代以后,赵其国再次出国,参加在墨西哥召开的全球国际土壤协会的会议时候,在会上碰到他们,他们高兴得不得了,跟赵其国讲西班牙语,赵其国一下子都没反应过来,因为许多年没有讲,西班牙语大多不记得了。不过,跟他们在一起一个星期,赵其国的西班牙语又跟他们讲得一样了,慢慢的自然而然就冒出来了。

之后,他们多次邀请赵其国到古巴去,甚至到北京来的时候还通过古巴驻中国使馆找赵其国,不过他不在家,到外面进行野外调查去了,回来以后,中国科学院的人告诉他,只要愿意去古巴访问,古巴科学院马上就发邀请过来。后来因为多种原因,也没成行。他们这批学生,总共有不到 50 个人,都是由赵其国培养的,不但让他们学到土壤学知识,成为他们今后工作的基础,另外一个最主要的是培养他们怎么为人。

苦中作乐的古巴生活

在古巴期间,远离家人,生活上有很多不方便的地方,赵其国都一一克服了。国家规定的每一个人在外面的生活费,除了吃饭以外,每个月大概有65块钱零花钱。这65块钱在古巴也就买两件衬衫,买一双皮鞋的钱都不到。因为美国对古巴实行经济制裁,古巴物资很短缺,几乎所有物资都是凭证供应的。当时中国援助古巴割甘蔗的镰刀,一年100万把,古巴都是用人工割甘蔗,全国从东到西都种甘蔗,收割时要大量使用镰刀,根本没有大型机械。城市里有几个专供专家购买生活用品的商店,赵其国可以凭专家工作证买一些生活必需品。

古巴处在热带地区,常年气温较高,因此赵其国一年到头大多穿短袖衬衫。当时刚开始有的确良做的短袖衬衫,国内还是很稀罕的高档服装,所以赵其国1个人买了5件,下面平常穿的裤子一般是各人在国内带过来的。另外,要出席一些重要的场合,每个人因此还准备了一套西装。西装是中国科学院出国人员服务部定做的,做好以后先交各出国服务部,出国之前借出来,回国以后再还回去。因为中间要经过莫斯科,比较寒冷,可以多借一件皮大衣,回国时归还。那时自己根本没钱做衣服,赵其国和其他人集中在北京进行出国前短期培训时,到中国科学院的仓库里找出国的西服,因为自己体形较高大,比较难找到合适的套装,就分别找了一件上装和一条西裤拼着穿。

记得第一次去古巴,在野外考察时,马溶之带赵其国出去采标本。当时赵其国正趴在一个比较陡的土坡上采标本,只听到"啪"一下,裤裆的线缝炸了,露出里面的内裤来。因为裤子不太合适,赵其国个子又比较大,穿的裤子比较小,就出了这么个意外。马溶之赶紧用中文对他喊,小赵你小心一点下来,正面朝外下来,不要屁股对着外面,要不然别人都能看得到。当时是和古巴人在一起考察,感觉真的不好意思。等工作结束回到旅馆里,赵其国自己用一根针,针还是从国内带去的,把裤缝草草缝起来,这样好不容易凑合着把 1 个月糊弄过去。回国以后把这一套服装顺利还给出国服务部,看别人也没看出来,没有追究,赵其国的一颗心才放下来。

古巴的早餐比较简单,赵其国和其他人都是从大使馆里拿牛奶,一盒一盒的。在古巴牛奶还是比较贵,大使馆供应中国专家的牛奶价钱比较便宜,但也是要给钱的。早上一般一人喝一杯牛奶,面包不限量,可以放开吃,这比国内的情形要好一些,面包要是限量的话,赵其国就吃不饱了。一来他体形较高大,本身就比别人饭量大,二来整天在野外跑、消耗相当大,早上是一定要吃饱的。最好吃的东西就是面包夹一段烤香肠,类似于热狗。古巴当地的烤香肠实际上不同于中国的腊肠,而是肉肠,也就是现在流行的火腿肠,但肉比现在的火腿肠多,味道要比火腿肠好。有粗的很长的香肠就切成一片一片的,夹在面包里吃,也有比较小的,整段夹在圆面包里一起啃。

到外面考察的时候要自己带面包和水。古巴天气热,本地人喝的水有两种,一种叫做热水,也就是常温水;另一种叫凉水,就是冰水。基本上古巴人都喝凉水,去暑。中国人一般都喝热水,因为冰水比热水要贵好几倍,不是在外面能随便喝到的,要到店里去买,一块钱、两块钱一瓶,像现在瓶装矿泉水一样。考察队早上出发的时候可以带冰水,规定是一个人带两瓶冰水,另外带一些面包,再带一些火腿肠。有时候到当地农家,跟农民聊聊天,互相也交换一些食品。农家一般也都是很困难的,虽然有一点面包,但是吃的东西还是很少。农家最常见的食品是酸黄瓜,都是自己腌的酸黄瓜。外国人都喜欢吃酸黄瓜,美国人就特别喜欢吃,古巴人跟美国人习惯差不多。古巴的农民十分淳朴,什么东西都讲,产量、收成以及家里的情况都说,还会把小孩叫出来跟大家见面。一般家庭多的有 5 个孩子,少的也有 2 个,因为古巴人觉得孩子是自己生命的延续,孩子多是一种福分。所以古巴人非常奇怪中国专家怎么能够在这里待上一年多不回家,简直是要命啊。

古巴全国都长甘蔗,有 160 多个蔗糖厂。它的铁路主要不是用于客运,而是用来运甘蔗和蔗糖,全国的铁路线从东到西大概 1 200 公里。古巴的甘蔗砍了以后就长,可以生长 35 年。中国的甘蔗一般两年到三年就要换根,不然甘蔗会长虫。古巴的甘蔗是世界上最好的甘蔗,主要用来榨糖,不适合当休闲的食物来吃,因为硬得不得了,啃不动。糖分很高,是十二点六几,国内一般的甘蔗含糖量大概是百分之十点几。赵其国对古巴甘蔗生长的土壤也做了一些调查和研究,有时去当地的糖厂,厂里的职工对中国专家特别友好,送给他们好多糖蜜、糖精,就是蔗粮中最甜的那些东西。赵其国都带回大使馆,给大家一起品尝。

晚上回到驻地,如果住在当地的城镇里,考察组就要吃得稍微好一点,一般都安排在饭馆里面吃古巴菜和牛排。早晨和中午不准吃牛排,晚上可以吃一块牛排,因为通常来讲,古巴最好的菜就是牛排。因为牛排比较贵,所以通常都不大,一块小牛排,不像美国有的牛排比较大,10美元一块,可以把盘子铺得满满的,古巴的牛排都是一块五、两块美金一块,旁边加土豆,是实实在在的土豆加牛排。另外可以喝一杯咖啡,那种咖啡不是早晨喝的那种特别浓的咖啡,而是大杯的咖啡饮料,就像可乐一样的一大杯,另外还有一杯果汁。其他就是面包,没有大米饭,面包都是粗的、长条的面包,可以用手拿着啃。佐餐的一般还有蔬菜沙拉、水果沙拉,开始一般有一点冷菜。不过,晚上吃得不多,吃完以后大家自由活动,可以出去转转。

赵其国出去时司机就跟在旁边,遇到人多的时候他就推推、就吼,因为他是保卫。他带着枪,跟在一起有两三年,一直陪着,赵其国到哪里都跟着,除了保卫,生活上遇到问题,也尽量照顾得无微不至,是一个很好的人。后来赵其国回国以后,有一两年他还经常联系,经常来信。总的来说,在古巴生活条件还是很好的,特别是回到了使馆以后,使馆里吃的东西都是国内运过去的,有不少罐头食品,那个时候罐头是不容易吃到的,不像现在,大家都不爱吃罐头了。从使馆拿东西出来吃要给钱,但在在使馆里吃东西不用给钱,可以敞开肚子吃,没有问题。使馆里经常可以看看电影,有时也请外国人来看电影,中方专家自己有专门的一个小楼,有七八间房子,每个小组有两套房子,古巴的一些沙滩都有固定的地方给中国使馆的人员使用。

在古巴考察时,赵其国经常能见到卡斯特罗,总共见过十几次。他这个人比较大方,很坦然的一个人,对中国人表现出直截了当的友好。赵其国第一次见卡斯特罗是在大使馆参加国庆庆祝活动的时候,他也到使馆来参加活动,跟赵其国攀谈起来。赵其国告诉他,中方专家来这里进行野外考察的,古巴一共有几个省,已经考察了三四个。卡斯特罗说,西部的省有没有去过? 我明天就在西部省,可以在那里与你们见见面。后来,他真的到考察组的驻地来找赵其国,直接就到考察组住的旅馆。见面以后,他就陪考察组的专家一起喝喝咖啡,吃点面包之类的点心,聊聊工作和生活,对中方专家表示关心和慰问。后来,赵其国在野外考察的路上又碰到他,他马上让车子停下来,简单地碰碰头,也记不清碰了多少次。他说,中国人具有大无畏的精神,中国是友好的,中国人是讲情义的,中国人是以毛泽东为代表的共产党,是古巴共产党最亲密的战友,每次见到中国专家都会讲这些好话。

　　在古巴生活多年,跟古巴人交往,赵其国的一些生活习惯也改变了,很多地方跟当地人没什么两样。但有些方面,赵其国还是一丝一毫也没有变。其实私下里也有不少古巴人问过赵其国,说你们这些人怎么回事,也没看到你们在外面玩,也没看到你们跟女性交往,而且你们一年不回去,两年不回去,觉得你们像和尚一样。赵其国说这样的生活方式,全都是为了使整个考察工作得以持续下去。后来,轮到他们自己带学生,也按中国专家的规矩来办,带学生到野外考察的时候,也是一个月不准回去。有时出去两个半月,同样中间不让回家,说是借鉴中国老师的做法。当然,古巴人还是确实学不来中国专家一年甚至几年不回家、在国外当和尚的精神,说这个精神其实是一种奉献精神。

　　赵其国刚开始去的时候是讲英语,但古巴的通用语言是西班牙语,只有跟中国专家在一起工作的几个大学教授和学生可以讲英语,讲得也不很流利,因此交流上有一定的难度。后来赵其国下决心要学习西班牙语,要不然工作没办法开展。他跟几个学生约好,他们教他西班牙语,他教他们英语。赵其国要求学生3个月内教会自己能够用西班牙语与他们交流、对话,3个月以后赵其国就不讲英语。学生积极性都很高,赵其国每天早晨4点钟起来,他们教他西班牙语,一直练到吃早饭的时候,每天早晨花两个小时到两个半小时。

　　那个时候很艰苦,赵其国学西班牙文,没有收音机。早晨起来要听听本地广播,广播里卡斯特罗讲起来一讲就是两三个小时,他讲的东西对锻炼听力十分有用,因为他的语言都是非常经典的语言,很容易听。古巴买不到收音机，赵其国就写信给家里面，从上海买了一台收音机，托人交给使馆里的人带来，一台短波收音机，走的时候，还送给古巴的一个学生。

时间不长，赵其国就可以做翻译了。本来有一个翻译，1965 年调回国了。后来就是赵其国做翻译，朱兆良来古巴后有时也临时充当翻译，但他主要是在实验室做翻译，赵其国是在野外做翻译。因为赵其国每天接触的都是古巴人，司机就是古巴人，跟着整天讲西班牙语。赵其国在外面工作时也戴一个草帽，远远一看就跟古巴人一样。

赵其国不但可以讲，还听得懂古巴的俚语，有时也讲俚语。到古巴的第二年，赵其国还在哈瓦那大学给新入学的大学生上土壤学的基础课，一个星期上两次课。给的工资也挺高，大约每周是 140 到 150 美元，拿的是教授的标准。校方都称赵其国为教授，其实那个时候他还不是一个副教授。赵其国后来每一学期都上课，一学期差不多能拿四五千美金，还有补助费，教了两三年，赚了好几万，最后都交给使馆，一分钱没拿，全交使馆。

赵其国从古巴回来的时候，身上只带着 4 本书，一本西班牙语的英西字典，一本西班牙语的辞海、一本文献综述和一本古巴的简介，另外还有一些自己能够带回国的材料。当时许多材料不能带走，后来王幼平大使让赵其国和其他人先回国，然后由大使馆出一个证明材料给中国科学院，证明他们在古巴的工作成绩。回到北京的时候，赵其国身上只有 150 元钱，相当于两个月的工资，把皮大衣还给出国服务部以后，因为天冷，就到旧货摊上买了一件棉袄穿在身上回南京。一回到南京，所里正组织大家去水利工地劳动，赵其国二话没说，跟大家一起去拔河，也就是去河滩挑河泥，挑不动也挑。前后参加了一个多月劳动以后，军代表才通知赵其国回所里，把在古巴的情况写一个思想汇报交上去，业务上的工作一点都没谈。

七八年以后，古巴科学院土壤所的人把已经出版的中方专家做的土壤调查报告和古巴土壤地图寄给赵其国，一直保存至今。当时出一趟国真不容易，这段时间对赵其国是很大的一个锻炼，虽然后来出国几十次，但是这次出国是赵其国第一次到国外去，终身难忘。

第六章
赴黑龙江进行荒地考察

为了贯彻落实周总理生前关于"四五"期间准备开荒，要把黑龙江省建设成为国家商品粮基地的指示精神，中国科学院和农林部提出"我国荒地资源综合评价及其合理开发利用的研究"任务，摸清黑龙江省荒地资源的分布、数量、质量及其开发利用的条件和潜力，总结全省荒地开垦利用的经验教训，在此基础上，提出农林牧合理用地及荒地利用的规划。中科院将任务下到南京土壤所，土壤所紧急抽调正在下放的赵其国回所，组织人员开赴黑龙江，历时 8 年，圆满完成考察任务。

下放江苏泗阳

1969 年 1 月，赵其国和其他几个人完成了在古巴的任务回国。回来以后，大概有一年不到，就参加斗批改运动。那个时候正处在"文化大革命"中后期，中国科学院几个所的人，一起集中在水科院搞斗批改，每天的事情就是学习《毛主席语录》和各种国家政策，同时要结合自己谈参加"文化大革命"的体会。"斗批改运动"之后不到一年，国家又开始搞"一打三反运动"，土壤所也分了好几个点,赵其国参加了在江苏省响水县那个点的工作。响水有水稻种植区,它的北面是旱作种植区,去那里的人也不少,土壤所的人组成一个工作队,帮着当地人解决农业生产中遇到的各种问题,这属于农村的斗批改工作,前后大概搞了 3 个多月。后来又到响水县北面的几个村,跟农民在一起生活、参加劳动,前后持续了不到半年时间。

也就在这个过程中,就面临下放。当时是江苏省军区提出来要跟全国的形势一样,城市居民要下放,知识分子也要下放。首先就从中科院里组织下放队伍,像赵其国这样没有在"文化大革命"中得到直接锻炼、没有直接得到改造的知识分子,要首先挑选出来。另外就是知识分子当中比较中上层的这些人,要下放,下层的都是"斗批改"的战士,这些人不会下放,可以留在城市。赵其国全家一起下放,好在还带着工资,这样生活上不至于有很大的困难。

下放的地方都是在江苏省最穷困的地区,不是苏锡常地区,而是盐城、淮阴这些苏北穷困地区。1970 年,赵其国一家下放到江苏省淮阴地区(现淮安市)泗阳县王集公社南园大队路西生产小队(现为江苏省宿迁市泗阳县王集镇南圩村)。一起下放的有好多人,分在不同的地方,有在盐城,有的在淮阴。一起下放到泗阳的 5 家人包括赵其国这一家、朱兆良一家、刘智宇一家、黄觉芳一家和何东康一家。黄觉芳和何东康两家住在王集公社政府所在地,赵其国跟朱兆良住在南园大队,刘智宇住在另外一个大队,5 家人相依为命。

下去的时候,先集中在南京市政府礼堂开会、学习,第二天队伍排好,大卡车一家一家的送,当时全家从南京市北京东路 71 号大院乘卡车先到了淮阴专区。第二天来到生产队,生产队根本没有多余的房子,赵其国和妻子、两个孩子还有岳父 5 个人只好住在生产队的一间破牛棚里。这是真正的牛棚,四面是土墙,没有窗子,稻草苫的屋顶,大门也关不上,晚上没有电灯,只能用煤油灯。这个牛棚是生产队里的中心区,开会经常就在牛棚旁边的晒场上开,平常稻子、麦子什么的都要在晒场上晒。牛棚里共有两头牛,一头是老水牛,另一头是水牛下的小崽,牛粪是很重要的肥料和燃料,都堆在一边的堆房里面。当地人还是很热情的,他们人多手快,很快把牛棚的两间牛房收拾收拾,把小牛和大牛牵到一间小的房间去,把大的那间,就是两头牛原来住的,腾给赵其国一家住。大房子也没有 20 平方米,不过大家好好打扫干净,地面夯夯平,压压实可以走人,墙上再用石灰水刷一刷,这就算一间房子了。家里人多,房子中间就用窗帘布或者床单拉一拉,算是隔开,两个小孩子无所谓,就睡了一张床,岳父一张床,赵其国跟妻子一张床。床也就是用几张板凳拼接再铺上几张木板而已,但人可以躺下来了,这一住就是 8个月。

去的时候,当地农民都来赵其国家看热闹,他们反复数他们家有多少脸盆、牙刷、毛巾、热水瓶。后来赵其国才知道,这里的人家根本没有脸盆、牙刷、毛巾和热水瓶的,一家人只有一个能在火上烧热水的瓦罐,全家人就用这一个瓦罐里的水洗洗脸,全家人都睡在一张床上同盖一床被子。相对当地人来看,赵其国家是绝对的富裕了。当地老百姓手上都没有现钱,油盐酱醋基本上就是靠自己养的鸡鸭,卖一点鸡蛋、鸭蛋的钱买煤油点点灯。而且家家都有一堆小孩子,南园大队的支部书记为了生一个儿子,女儿生了八九个,最后一个生的儿子,这才停住不生了。全家十来张嘴,眼一睁就要吃饭,那真不得了。他们渐渐地知道了,下放干部是国家给他们发工资的,每个月到时候就能拿到钱,于是他们就尝试着到家里来借钱,赵其国家里经常有生产队里的人到家里来坐着不走,直到你借给他钱。讲起来是借实际上就是给了,他们是不可能有现金还给你的,最多也就是还几个鸡蛋给你。赵其国在那里差不多有 3 年的时间,借出去的钱是多少也记不清了。

全家下放就是不管你在城市有什么样的工作、生活、学习,统统到农村去,不知道自己今后是何去何从,都搞不清楚,档案也跟着人走,赵其国等人的档案就保存在泗阳县里,所以赵其国下放的时候感觉是灰溜溜的。想不到工作这么多年,突然全家下放到农村去,好像犯了错误流放一样。全家 5口人,岳父、赵其国和妻子,再带两个小孩,一个女儿、一个儿子。儿子刚刚上初中,女儿还在小学。下放以后,女儿就在王集小学,儿子就在王集中学,没有其他办法,听天由命吧。

赵其国家住的地方叫南园大队路西小队,大概离王集公社有十多里路,七八公里的样子,虽然算是城市边缘的一个乡村,但生活很艰苦。这个小队人口不多,好像就 10 余户人家,但粮食很紧张,十年九涝,地里收不到粮食,很多人吃不饱。碰到灾年,雨下得比较多的话,粮食打不下来,要么堆在那里晒不干,他们就得自己吃发霉变质的米。每家自己门口有一点小园地种点菜,冬天腌一缸咸菜,要么就是腌一点萝卜干,就这两样东西。或者条件好一点的人家会腌咸黄豆,当地人叫咸豆子,比豆酱差一点,但味道还可以。

这里庄稼之所以长不好,就是水利基础建设很差,处在洪泽湖边上,几乎年年发大水,一下雨水就排不出去,把庄家都淹掉了。河道清淤工作几乎每年冬天都要做,防止河道淤积以后排水不畅,所以冬闲的时候就把农民集中到河工上去,当地叫拔河,其实就是挖河里的淤泥并挑到河岸上堆成堤,也叫挑河或者上河工。赵其国这些下放的人也都被派上,每家至少要出 1 个人,不出人是不行的。赵其国在农村参加的最繁重的劳动就是拔河,每次都要到离自己住的大队有七八公里的工地上去,步行要走一个多小时,背着铁锹,推着独轮车,很多人一路浩浩荡荡地走,也很壮观。

上河工一出去就是一个星期,住在窝棚里,像搭的简易防震棚,就住在那里头。吃饭主要是吃山芋干,当地山芋比较多,也属于一种耐荒的作物,收起来以后,切成片晒干,就是山芋干。成大吃的都是煮山芋干,没有大米和面粉供应,因为大米都是凭票证配给的,泗阳是国家级贫困县,工地上根本看不见一粒米。赵其国饿得没办法,用一个大洋瓷碗,一顿要吃两大碗,还干巴巴的吃,吃了以后,再吃一点咸菜,吃一点萝卜条,家里也没多少咸菜带。赵其国下放的时候,带了两样东西,一坛子是榨菜,还有一个铁箱子,一铁箱子挂面,挂面带给老岳父吃,因为他都 70 岁了,牙也不大好,其他东西吃不了,就吃一点挂面。赵其国和妻子、孩子平常也是天天吃山芋干,或者磨成粉,煮成稀饭一样的糊糊吃。因为赵其国在东北考察的时候,检查身体时发现缺钾,医生说最好多吃点榨菜,补补钾,其他也没什么特别的营养品,所以下放的时候就买了一坛子榨菜带着,大概吃了有 3 个多月。所以拔河的时候,赵其国带一个小罐子,装一点榨菜,有时就吃一点,算是补品,其他的就跟着大家一起吃,前后有两三个月的时间。

家里两个孩子,一个读初中,一个念小学,早晨起来就背着粪筐去拾牛粪,叫做积肥,算工分。因为当年农村肥料奇缺,所以动物粪便每家都要交,队里面有个会计，每天要记录各家上交的肥料数量，假如牛粪都不拾，什么也不交，生产队开会的时候要点名批判、挂红牌。所以两个城里长大的孩子，年龄还那么小，每天早晨起来就要到田埂上捡牛粪交账，当地农村的孩子也有拾粪的，但不多，家里大人在田间劳作时就顺便完成任务了。刘畹兰身体比较弱，而且还要照顾年迈的父亲，不宜出远门、上河工，一般就参加队里一些劳动，割割草或者收收玉米等。赵其国拔河不在家，有几次刮风下雨，家里漏得一塌糊涂，只好用油布先遮一遮再说。吃水一般是井水，几家人家共用一眼井，离家还有一段距离，赵其国在家就自己挑水，不在家时就由两个孩子抬水。从井里打水也是个技术活儿，又是个力气活儿，不会打水的人常常是只见桶在井里晃，难把水打上来。两个小家伙，哥哥力气大一点，每次去摇辘轳，负责把井水打出来，但打水的木桶到了井口拎不动，旁边邻居有人在井边上洗衣服、洗菜的就帮着提出来。家里有个储水的小水缸，也是从南京带到泗阳去的，包括马桶也是一起带下去的。

生活再艰苦，因为身体好、有力气，而且工资能按月领取，所以总算过得去。相对于在城市里整天参加政治学习和政治运动来说，精神上也比较放松，整天的体力劳动让人睡觉很香。更加幸运的是，赵其国等人下放8个月以后，中央政府为了帮助下放干部在农村安家落户，发放了一笔安家费给各家下放户建房子，地方上还特地划拨了建房用的木料和砖。因为泗阳这个地方经常闹水灾，每年夏天发大水的时候，经常淹到房子，所以当地人盖房子，墙基下面至少要先砌五层砖，富裕一点的人家就砌七层砖，然后再在砖上面打上板子用泥巴打土墙。如果下面没有砖，水一泡土墙就垮了，赵其国和其他几家下放户都是用五层的砖，上面再打土墙，屋顶盖草，是双层草，在当时算是非常考究的房子了。

盖房了可不容易，在当地算是大事，一般儿子长大要成家才考虑建房，而建房的材料几乎从男孩子出生就要开始准备了，至少先栽上几棵树跟孩子一起长，以备将来盖房打床用。建房还要垫屋基，当地称做打宅基，防止房子被水淹到，就要盖高一点，就要堆土，把地面垫高，这都是赵其国自己做，前前后后挑土就花了1个月时间，才把宅基上的土垫好。砖也要到十几里路远的公社砖厂去运，赵其国用自己的独轮车，一天来回走3趟，差不多有

80多里路。后来实在吃不消,就给别人几包烟,请他们帮着运。打墙要推泥,还要推好一点的泥,队里面有一块地比较好一点,是黏土,这样打出来的墙比较结实、耐泡,推泥的活儿也都是赵其国干。另外,房间里不打墙,要用芦苇或者高粱的秸秆编成的柴芭隔开,一般是用高粱秆,用绳子一根一根打成帘子,是双层的,也都是赵其国自己打。经过几个月的努力,赵其国就在南园大队的路边,盖了3间新草房,中间隔断以后就是1个厅,农村叫堂屋,主要放桌子和柜子,用来存粮食、放东西。1间给老人住,另外1间是赵其国夫妻带两个孩子住。名义上叫3间草房,实际是1间草房隔成3间的,厕所跟厨房都在旁边另砌,要比正屋矮一些,也小一些。就这样,5家下放户联合起来相互帮忙,终于建起了属于自己的新房子,赵其国一家也欢欢喜喜地离开了牛棚。

新房子在村子的中间位置,周围也只有六七户人家,前后都是大片的农田。赵其国用断砖和多余的秸秆围了一个小院子,院子外面是一小块自留地,将近有2亩地,种过玉米、西红柿、茄子、毛豆、青椒、山芋、花生等各种蔬菜补充粮食的不足。赵其国和妻子都不大会种,后来就由隔壁邻居帮着种,菜收下来,一部分菜给邻居,一部分自己留着腌咸菜。当时还养过一群鸡,是一种叫澳洲黑的品种,另外还养过一只黑色的狗,赵其国和孩子们管它叫黑子,后来走的时候没有带它回南京,送给了村子里一家条件比较好的人家,但这只狗最终还是不愿意生活在其他人家,整天不吃不喝,这家也没办法只能是杀了它。至于那一群黑色的鸡,因为养得太好了,看上去个个威武健壮,很漂亮,到了过年的时候家里谁也舍不得杀了吃。于是赵其国赶集的时候从街上买了一只老母鸡回来,准备杀掉过年时烧汤吃,哪里知道竟然买来一只瘟鸡,结果一夜之间把自己家的一群鸡全部染上鸡瘟病,两天内全部死光。而且这个鸡瘟一直传播至整个村庄,邻近人家的鸡也都死了,幸亏是当时下了一场大雪才结束了这场鸡瘟的蔓延。这个事件发生后赵其国一家谁也不敢对任何人讲,村子里的人知道是鸡瘟,但不知道是怎么传过来的,对他们来说一直是个谜。不过,在农村像这种鸡瘟几乎每年都有,也没有引起大家更多的奇怪。

朱兆良一家住在离赵其国家不远的地方,也在南园,因为房子都是请队里的人帮忙盖的,所以生产队盖好赵其国家的房子,接着又帮他家盖,都是由生产队长牵头办。所以,谁跟队长关系好一点,他盖房的时候就认真,要不然,就容易出状况。朱兆良不太会交际,队长张罗给他家盖房的时候,他少买几包烟,不像赵其国这里天天保证供应,房子安房梁的时候还要买好烟。结果,朱家的房子盖好还不到两个月就开始漏雨,又找人去重新修理屋顶,来回折腾了好几次。朱兆良不习惯这一套,平常只顾埋头做学问,生活上就吃了一点亏,好在农村人还是很纯朴的,只是有意无意的偷工减料,无碍大事。

搬到新房子里,生活总算比较安宁一点,不用再跟牛共呼吸了。虽然生活很艰苦,但毕竟每月工资按时发放,所以日子总算过得去,与当地人经常吃了上顿没下顿相比还是要好不少。赵其国有时候也去买一点肉,一般是赶集的时候。当地赶集分红集和白集,白集卖的东西少,主要是生产工具和较大的生活用具;红集 5 天一次,一般是每个月逢 5 或 10 的这一天,逢到红集时各种生活用品都有卖的,往往人比较多,最热闹。赶集时,赵其国背一个比较大的帆布包,到集上去买肉及各种生活必需品。买一次肉回来,家里要吃一个星期,孩子正在长身体,要吃肉,大人少吃一点没问题,孩子们正在发育,只要有条件,赵其国都要让他们吃得好一点。

那时赵其国跟朱兆良这两家,当地人管他们叫下放干部,下放干部在他们眼里就是财主。当时赵其国与妻子加在一起每个月工资有 130 块钱,对当地人来说,那是很大的一个天文数字,一般人家运气好的话一年也就收入几十块钱。赵其国搬出牛棚后不久,牛棚不知什么原因烧了一把火,烧死了全部的牛,当时这可是生产队唯一的资产,是一次重大的经济损失。牛是重要的生产资料,生产队可指望这牛干活拉犁、拉磨、拉车,这一下两头牛都死了,队长看着赵其国直掉眼泪。赵其国跟妻子商量了一下,为了能帮助生产队度过难关,借了 300 元钱给生产队,让他们买了几头牛。这个钱在当时可了不得,当地人知道以后,感激得不得了,表示一定要还,但后来赵其国一家很快回南京了,生产队没有还,他也没去追究。当时赵其国也是咬紧牙关才拿出来的,这还是因为刚从古巴回来攒了这么一点,家里也只剩下这 300 多块钱,一旦工资不能及时发放,全家人就要断炊了。

自从给了生产队买牛的钱以后,大队和生产队的干部对赵其国等下放户就另眼相看了，各方面情况多有改善，无论在生活上还是开会学习等，相对比较照顾。当地人觉得下放干部对他们来说，安排在这里对地方上不但没有坏处，还有不少好处。不到半年，公社里开始搞"一打三反运动"，大队就把赵其国这个共产党员、知识分子借调到公社去搞培训，指导各大队的"一打三反运动"。王集公社成立了一个工作组，赵其国是其中一个分队的队长，就分在南园大队旁边的一个大队。主要的工作就是把当地的干部组织起来开会，讲"一打三反运动"的意义，要他们面对群众，不要糊弄群众，要遵守纪律，不要贪污浪费。

作为队长，赵其国经常要到各生产队去巡视，一个大队分成好多小队，今天在这个小队，明天在那个小队，根本不能回家。农村交通工具就是两条腿，没有汽车也没有自行车。如果要买一辆自行车还要走后门弄一张自行车供应票，赵其国找公社的人好不容易弄到一张票，买了一辆加重的自行车，这也是当时家里最值钱的家当了，那时有辆自行车比现在有小汽车还气派。家里完全靠刘畹兰支撑着，两个小孩在公社上学，中午要回家吃饭，来回跑很远。公社有个食堂，赵其国没有钱给他们交搭伙费，后来跟赵其国一起工作的另外两个下放干部，他们中午在公社食堂吃饭，就帮助赵其国的两个小孩子在食堂订了午饭。这样姐弟俩中午就可以不回来，到晚上放学再回家。

当年从南京下放到王集公社的可能有十几户人家，从土壤所下去的就有5家，很自然的5家人就形成了一个小的团体。虽然分散在不同的生产队，但相距不是太远，5家人经常会聚在一起，无论大事小事都会相互交流，遇到困难大家有力的出力，有钱的出钱。生活再艰苦，同事之间的帮助，那是责无旁贷。朱兆良本来有一个女儿，下放期间又生了一个女儿。刘智宇在另外一个公社，离婚以后自己带着一个儿子，也是很艰苦的，几十块钱工资两个人生活。王集公社的集市比较大，几家就以王集公社社部为中心，赶集的时候碰碰头，互相交流一下。一开始赵其国都不会杀鸡，有一次过年买一只鸡回来，最后连鸡嗉子一起放进锅里去煮，煮得乱七八糟，没办法吃。后来他们教赵其国怎么收拾，很有长进。

不过，几家之中无论男女就数赵其国还有力气，40多岁，正值壮年，而且一年到头在野外跑，还比较结实。到农村，干什么事情也不要动脑，有力气才行。像一开始拔河、打柴火等，没有力气干不了。当时遇到的生活上比较困难的事就是烧火做饭的问题，农村人都是用土灶烧柴火烧饭，而下放人员是用煤烧饭，在那里是买不到蜂窝煤球的，只能买到煤粉，于是要把买来的煤粉打造成蜂窝煤球，这个工作是每家都要做的，而且劳动强度很大，需要有强劳动力。当时 5 家采取互助的形式，每家出一个能干重活的人，组成一个小组，轮流给各家做一定量的煤球，一般一次都要做 100 个以上。

赵其国特地买了一个打蜂窝煤的工具，就是一个铁制的模子，从泗阳城里买回来的，骑自行车要走 30 多里路。做煤球的时候先要把煤块打碎，或者直接买煤粉，再加上一定比例的泥土，这也是个学问，煤多了好烧，但容易坏；土多了火不好，烧不起来。经过一段时间的摸索，赵其国已能熟练地将煤与土按一定比例和好，和好了以后打成蜂窝煤，码成一堆一堆的，很漂亮。后来基本上这个活都是赵其国干，赵其国带着打蜂窝煤的模子，到另外几家去，不要工钱，只要包吃。打一次，够各家烧一两个月，大家互相帮助，把烧的问题解决了。

吃饭也是个大问题，刚好在宣传队的时候认识一个县里粮食局的人，通过他到县里粮库买一点陈年的、过期的稻谷，不是这个不给卖，都要凭证凭票供应，只有城市户口才有粮本。赵其国这些下放户是没有粮本的，但这些陈年的稻谷，说坏也没坏，吃起来口感差一点，不是很好吃，但很便宜，公社开的证明，赵其国和其他几家一起，一家就买一两百斤，再打成大米。打牙祭的话，除了赶集给小孩子买一点肉吃，大人都省着一点，在家不肯吃。但赵其国在参加公社宣传队的时候，在其他大队巡视，晚上经常会聚餐，这时候就放开肚皮吃，当然跟现在不能比。有的好带的，还要把自己的那份省下来，用饭盒装好，等回家时带给老人和孩子们吃。

担任考察队长

黑龙江省荒地资源考察任务是土壤所在"文革"后承担的第一个国家项

目,时任所党委书记的沈现伦极为重视,紧急抽调下放泗阳的赵其国回所,由他带队并组织有关人员成立了土地资源考察队①。

1972年春节过后,已经下放3年,政治局势基本稳定了,当时赵其国就想是不是还有点希望回南京。所里面一些同志还在,还没下放,给赵其国写信,说要做准备,有可能要把他们下放的几个人调上来。但是就在这个时候,淮阴市跟泗阳县有好几个单位招人,其中有一个是劳改农场,有一个是军垦农场,还有一个比较好的是酒厂。上面找到他们这些下放干部填表,看当时的情形不填也不行,赵其国想这辈子完了,只能去劳改农场了,心里已经做好思想准备调劳改农场工作。因为别人谈得很好,说如果到农场工作,首先给一套房子,草房子,另外生活上也安排,小孩上学也安排等等。就在这个节骨眼上,土壤所通知县里,让赵其国马上回南京,到中国科学院南京分院去报到,然后参加所里面组织的黑龙江考察队。

赵其国回来的时候,老书记才刚刚"解放"没有几个月。但当时土壤所又面临是否下放的问题,因为毛主席讲过,农业方面的科研院所要建到农村去。所以,土壤所是不是要留在南京,中国科学院提出来这个问题要大家讨论。所里的很多人都非常紧张,这才从农村回来,怎么又下到农村去。大家都非常着急,面对这个情况都是人心惶惶的。而且,赵其国刚回到所里时,各方面条件都很差,基本上是两家人住在一套近60平米的房子里,合并住,根本没有自己的一套房子。出来之前,赵其国全家住一套小房子,但现在只能合住。两家住在一起,有好多问题,用水、卫生间就要排队,另外,也没有什么隐私。不管怎么样,总比农村里要好多了,比住草棚子好多了。

生活条件还在其次,重要的是工作有待重新安排,也不知道未来究竟该怎么安排。赵其国是回到地理室工作,但是他调回南京以后,下面其他人都没有动,他是第一个调上来的,下面整天也是人心惶惶。赵其国就想办法把他们也调回来,因为大家都是一起吃苦的,可以说是共患难,一起面临着同样的命运,结果陆陆续续地,大家都调回来了,这个工作前后大概花了有个把月的时间。

---

① 周健民主编:《中国科学院南京土壤研究所发展历程》,2003年,第113页。

　　不久，中科院有通知，马上组织人员去黑龙江进行荒地考察，因为国家要向黑龙江的荒地进军，争取几年内从东北黑土地上拿到100亿斤粮食。中国科学院责无旁贷，立即组织相关的研究所，包括农业、水利、土壤等各单位，全力以赴，为国家所求，为国家所需，贡献自己的力量。各单位都很紧张，组织人马，参加会战。因为假如做得好，做出成绩，研究所下放的事情大约就会搁一搁；如果做得不好，估计单位就得下放，或者撤销。所以，这不光是国家的任务，也牵涉到整个研究所的每个人的命运，甚至是研究所的命运，大家都非常着急。

图6-1　黑龙江荒地考察队牡丹江支队合影(前排左3为赵其国，三排左2为王明珠，1977年11月8日)

　　土壤所当时却乱糟糟的，虽然整体形势稳定下来了，但科研工作早就中断了，整天就是这一派、那一派的，斗来斗去。之前是造反派打革命派，后来反过来革命派又整造反派，不是你搞我，就是我搞你，没有一个人能独善其身，都参与到这种斗争中去了。赵其国后来想想自己要在所里面的话，不到古巴去，肯定也是这种角色，逃不脱的。整个土壤所里人心惶惶，人心不稳，工作不前，而任务又很急。赵其国是5月底回到南京，为其他人调回来又花了个把月时间，而上面通知土壤所要组织队伍7月份就赶到黑龙江，而且要求土壤所一定要组织一支像样的队伍。

　　土壤所任命赵其国为考察队队长，由他来组织黑龙江荒地考察的队伍。

因为从当时的情形来看,他是唯一没有参加到你打我、我打你的斗争中去,虽然是因为客观形势造成的,但这也让他成为各方都能接受的人选。同时,因为在古巴期间的工作比较出色,赵其国在国外已经是知名的专家了。回来以后,还晋升副研究员,这在当时是很隆重的一件事,当年土壤所8个人晋升,都不是评审的,而是政府任命的,并且公开刊登在南京日报上。这样政治上、业务上都比较合适,土壤所就确定由赵其国带队参加荒地考察,并按他的要求,另配一个政治上带队的担任考察队副队长。经过研究,所里派了一位党委副书记担任政治带队的副队长。同时,考察队员也由所里统一选拔,一定要政治上、业务上都比较可靠,能够做好工作,其他问题既往不咎,先把国家任务完成好。考察队的几个党员组成一个临时党小组,副书记担任组长,赵其国任副组长。考察队最终由赵其国担任队长,负责具体考察任务的计划、分配和具体实施,另外有两个副队长。一共组织了所里面将近30个人,已经是竭尽所能,实在找不出再多的人了。

当时黑龙江省农林厅、国土厅的人全下放了,国务院发通知又把这批人调回来,由黑龙江省委书记带队,副省长担任副队长,加上赵其国这些全国各地、各单位来的人一起,组织了一支1 000多人的队伍,向荒地进军,调查荒地资源。调查的面积是73万平方公里,要把它摸清楚,能够种植粮食的、无霜期在160天左右的地方,甚至90天的情况,都要把它利用起来。北方,尤其是黑龙江这个地方,当然跟南方不好比,南方的无霜期可以达到360天。整个荒地资源考察完以后,部队就要根据考察队的报告和建议选址建设军垦农场。

赵其国带着所里的20多个人,和中国科学院其他6个所来的人,一起300多人,再加上黑龙江省抽调的农业厅、国土厅、财政厅的人员,总共有1 200多人,分成4个小分队,赵其国担任西部分队的队长。在黑龙江进行野外调查很艰苦,前后持续8年才完成。每年是5月1日要上火车,国家规定的,因为5月1日当地刚刚化冻,它那里冻土层有70多厘米厚,不到1米的样子,要等到化冻以后才能够挖土取样。到11月中旬,土地上冻了,赵其国再坐火车回来,在那边要连续工作7个月。"在这连续8年的时间里,这支队伍每年均有整整半年时间,在广阔的北大荒,乘坐由木排搭制的爬犁,忍受虾蜢、蚊子及小咬的追咬。穿越于崇山峻岭、茫茫林海之中，并长期坚持进行荒地资源的土壤考察，像候鸟一样的夏去冬回。"①

赵其国带着的队伍，就是这样坚持，当然队伍里的人换了不少，并不全是第一次带出去的队伍，每年都换，换到最后，那些造反派都换掉了，新的业务能力强的人慢慢都顶上来，调查工作才得以顺利完成。第1年在东部，第2年在黑河，第3年在黑河的南部，在大兴安岭。第4年在中部地区，在小兴安岭，最后两年是在东部，包括牡丹江、松花江和三江平原，整个74万平方公里都跑遍了。当时黑龙江的农业区域很少，天气寒冷，无霜期短，很多地方都是草甸子。七八月份，长得好的时候都是花草的天堂，开的红花、蓝花、白花不多。表面是实的，下去大概50厘米就全是水，水分含量特别大，化冻以后，水都从表面渗透下去了。过去草甸子长期没有人利用，有少量的树，大量的是灌木、芦苇及各种草，脚下都是很厚的腐烂的植物，叫腐殖层，再下面就是黑土，一般人不穿高筒胶鞋根本没法走过去。当地老百姓赤脚就能走，城里人不行。看到那样的一片片的全是荒地，会觉得这片土地真的可爱。

考察分队里大多是年轻小伙子，黑龙江省给每个分队都配了省委常委担任队长，赵其国这个分队是省委书记杨易辰带的，规格非常高，放在现在

图6-2　在黑龙江进行荒地考察时与同事一起研究工作(左2为赵其国，1977年11月)

---

① 周健民主编：《中国科学院南京土壤研究所发展历程》。2003年，第114页。

是绝对不可能的,当时是政治任务。首先调查的是嫩江地区,这个地区后来是东北地区粮食基地搞得最好的,它的水质好,水源比较稳定,灌溉没问题,而且这里土壤是草甸类型的,不是沼泽类型的,可以比较容易开发。三江平原一带就不一样了,沼泽比较多,有的地方看着可以走,但往往一踩上去就往下陷,人掉下去都爬不出来。当地人很有经验,把大树,很大的红松,大兴安岭的大红松,4根大红松捆在一起做成雪橇一样,东北人叫爬犁,上面铺上木板,木板上面支帐篷,前面用斯大林 100 号的拖拉机拖着走。一般一部拖拉机可以拖两个大木排,考察队员称做水上拖拉机,一个小队一二十个人,加上设备等,就用拖拉机拖。考察队带着路线图,指挥拖拉机怎么走。到测量点,考察队就停下来,按照方格图纸,就像赵其国在古巴考察时那样,打钻,穿着高筒胶鞋下去,采土样,采水样。究竟这个土肥不肥、瘦不瘦,究竟干不干、湿不湿,图上做记录,每天重复做的就是这些事情。

经过 7 年的努力,考察队最后选定了可开垦荒地 3 400 万亩土地。王震的兵团分别到大兴安岭、小兴安岭、牡丹江、三江平原和嫩江一带,先在嫩江平原开刀,所以在嫩江赵其国做的时间比较长。嫩江一开始就是作为试点米做的,怎么调查、采样、分析,然后再向其他地区铺开。土壤所的实验室都搬到黑龙江哈尔滨慧琳大厦,直接在那里开展工作,省得来回搬运费时费力。慧琳大厦是当时哈尔滨最好的一个大厦,现在没有了,考察队员全住在那里,兵团也住在那里,实验室也在那里。样品送南京路途遥远,来回费用也大,而且马上要得出结果,有了结果要写材料,省里面每年都要汇报,省委书记亲自听。

全面考察黑土地

黑龙江省,过去统称"黑土地"、"北大荒",当时共 73 万平方公里,包括 5 大地区。考察开始时有 1 200 多人,设 4 个分队,赵其国是土壤专业负责人兼西部分队长,每年 5 月 1 日从南京出发,11 月底回所。第一年在东部

图 6-3　在黑龙江进行野外荒地考察(右 1 为赵其国,1977 年夏天)

考察,第二年在黑河,第三年在黑河南部及大兴安岭。第四年在中部小兴安岭,最后两年在东部,牡丹江、松花江,三江平原一带,最后跑完 73 万平方公里。

　　考察工作实行多学科、大协作、专业队伍和群众运动相结合。参加考察的有中国科学院北京地理研究所、中国科学院自然资源综合考察组、中国科学院南京土壤研究所、吉林省地理研究所、内蒙古大学,黑龙江省科委、省土地利用管理局、省农场总局、省地质局、省土地勘测队、省农业科学院、省农业科学院、省林业科学院、省水利勘测设计院、省水利研究所、省畜牧研究所、省气象研究所、省博物馆,东北农学院、哈尔滨师范学院等 18 个单位 20 多个学科和地、县(旗)有关单位的人员。5 年来先后参加荒地考察的干部、科技人员和群众共 2 万多人。

　　黑龙江省土壤分布规律,受地理位置和气候,特别是地形的影响,纬度地带性,海陆分布和垂直地带性交错在一起,使本省土壤分布较为复杂。以大兴安岭为界,其东为大兴安岭——小兴安岭——长白山北段,构成一个向南开放的"马蹄形"。山体发育了森林土壤,由山体向松嫩平原依次出现黑土与黑钙土,至西南部的杜蒙、太来和扎旗南部一带,发育了粟钙土。大兴安岭以西,由大兴安岭——黑山头——满洲里,构成一个"弓形"。土壤由东北向西南的演替规律是:灰色森林土——黑钙土(淋溶黑钙土——普通黑钙土——少腐殖黑钙土)——粟钙土(暗粟钙土——普通粟钙土)。三江平原(包括穆棱——兴凯湖平原),在特定的地形与水文地质条件下,发育了大面积的沼泽土。其他一些非地带性土壤,如草甸土,沼泽土、盐碱土和砂土等呈斑状或树枝状镶嵌于地带性土壤之间。

依据区分出来的宜农荒地,划分以下 4 种荒地类型:

一类荒地:是指土壤自然肥力和有效肥力均高,不加措施即可开垦的荒地。这类荒地,热量适宜,水分协调,黑土层深厚,不砂不粘,透水良好。在生产上的反映是易于深翻,发苗正常,产量稳定。地形一般有两种,一是漫岗边坡或高阶地,坡度一般一至二度;二是平坦的河谷阶地。植被是榛柴灌丛杂类草草甸或杂类草草甸(五花草塘)。土壤一般为黑土、草甸黑钙土、黑钙土。这类荒地一般无低产因素影响,无需排水。但土壤持水性强,偏酸性,磷素低(仅百分之零点二到零点四),因此在耕作中,应注意伏翻或秋翻晒垡,耕作 3 至 5 年后,逐渐施用磷肥与绿肥,以不断提高地力,建设高产稳产基本农田。

二类荒地:是指土壤自然肥力与有效肥力稍低,稍加措施即可开垦利用的荒地。这类荒地有两种,一种是位于丘陵边坡及漫岗上部的薄层黑土,黑土层一般 20 厘米,植被为榛柴灌丛,热量较高,排水较好,比较热燥,质地较轻,发苗虽快,但肥力易于减退,产量不甚稳定,需采取保土保肥措施,不断提高地力;另一种是位于漫岗荒坡及河谷阶地,土壤为沼泽化黑土、黏质草甸土或盐化草甸黑钙土,植被为杂类草灌丛草甸,质地黏重,排水不良,有冷浆、过湿现象,黑土层一般仅 20 厘米,有根系盘结层,肥效较慢,一般需开沟排水深耕晒垡,反复耕耙,重施磷肥以调剂地力,提高质量建设基本农田。

三类荒地:是指土壤自然肥力较高,但有效肥力较低,要大加措施方可开垦的荒地。地形为漫岗下部的低河漫滩阶地,部分位于岗坡上部。植被以杂类草、苔草沼泽草甸及苔草水地榆草甸以及草甸化沼泽为主,高坡为艾菊,针茅等所组成的草甸草原。土壤为沼泽化黑土,砂质草甸土、砾质草甸土、砾质黑土及白浆土,黑土层一般在 30 至 40 厘米。分布在谷地的沼泽化黑土,排水不良,常遭受洪水威胁,而少数分布在高坡地上的砾质黑土,土层

图6-4　在黑龙江嫩江平原的五花草塘考察（右2蹲者为赵其国，1977年夏天）

不够深厚，侵蚀较重，自然肥力较易减退。

四类荒地：是指土壤自然肥力甚高，而有效肥力极低，难于开垦，开垦前后需要采取排水、甚至需要采取河流的全面治理的荒地。这类荒地主要是沼泽地，地形是低河漫滩的河谷洼地。植被是以塔头、小叶樟苔草所组成的沼泽，常年或季节性积水。土壤为沼泽土或泥炭沼泽土，黑土层一般可达40厘米，有机质含量可达15％以上。这类荒地，在修筑防洪排涝工程与采取合理耕作措施条件下，有可能建设成为排灌结合的方田，条田，并有可能逐步成为较一、二、三类地更为良好的基本农田。

全省荒地67％是三、四类荒地，均属甸子地和低平原沼泽地类型。这些荒地，土壤潜在肥力高，黑土层深厚，水利条件好，开垦后，增产潜力很大，可以建成稳产高产基本农田。荒地资源主要集中在边远地区，全省1.1326亿亩荒地，86％分布在三江、呼盟、大兴安岭、黑河地区、内地甚少。这种分布状况，决定了今后垦荒布局，重点是在边远地区。这些地区，自然条件很好，土壤肥沃，荒地规模甚大，地势平坦开阔，适于机械化作业，可以建立大型国营农场。开发这些荒地资源，对于繁荣边疆、建设边疆、巩固国防，有着重大的政治意义和经济意义。

考察的时候，斯大林100号在前面拖，人住在爬犁上面，1个星期甚至10

天都看不到一个人，那真是荒凉。有时会看到几只野山羊，更多的是狍子，一群有几百只，考察队有解放军保护，他们用枪随便一打就有十几只狍子。狍子肉加莜面，大米很少，特别照顾赵其国等南方去的同志，省里面批了一点大米，别人都是吃面食。狍子肉可以包饺子，味道非常好，吃不了的狍子肉晒干收起来。还有一种叫犴达罕，就是驼鹿，蒙古语叫犴达罕，产于大兴安岭北部的混交林或针叶林内，经常出没在河湖畔或低湿的沼泽地中。犴鼻的构造很特殊，有一种特殊的清香。营养价值极高，同熊掌、鹿尾同为大兴安岭的三大佳肴珍品，据说西哈努克亲王最喜欢吃犴达罕的鼻子，煮出来是非常嫩的，肉比较粗，只能晒干。

在野外工作时，除了打一些狍子，有时也打熊瞎子，就是黑熊，现在是国家保护动物了，那时还没有这样的意识。有一次，考察队找到几头小熊，正准备开刀问斩，大熊来了，围着他们转，似乎要拼命。虽然有枪，但大家看熊一家大小叫唤，心里十分不忍，最后商量还是把小熊送回去，不能煮了吃，吃了以后就永远不得安宁了。

每个拖拉机前面都有少数民族向导带路，他们会把天上的飞龙打下来，这飞龙是盛产于兴安岭山林中的一种较小的飞禽，学名榛鸡，据说是"四大

图6-5　在黑龙江进行荒地考察时，在住宿的牛棚前采集
土样（右1为赵其国，1977年夏天）

山珍"(熊掌、哈什蟆、飞龙、猴头)之一,国宴上都用。鄂伦春人常用飞龙氽汤。飞龙像小鸟一样的,有鸽子大小,煮成汤是白汤,白颜色的汤,味道很好。林子里面有蘑菇,叫猴头菇,做汤香得不得了,根本不要加味精。考察队员就喝野鸟、野蘑菇做的汤,吃野狍子肉,再吃点干粮,饼或者馒头。烧火就是用枯树枝、枯草,现成的,遍地都是。水是蛮好的水,可以喝的,考察队也带着清洁剂,可以消毒杀菌。

野外蚊子很多,一种个头比较大的,当地人叫牛蚊子、牛虻、飞虻;一种是个头很小的蚊子,叫做虻,能钻到衣服里面,带纱帽都不行,小蚊子就一点点,钻进去咬,身上到处是红点。当然,出去少不了要戴着纱帽,穿着防蚊袜,还有高筒胶鞋,全副武装,但总免不了要吃饭、喝水什么的,所以出去总要给蚊子贡献一点血。有时候脖子上咬得一大串一大串的,又疼又痒,一出去一两个星期看不到人,回来以后,人都不像样子,十分艰苦。等到县城休整的时候,才可以到县里的人民医院找一些消炎药回来抹一抹,过一段时间也就恢复了,就是这样的生活,有好多年。

到了县城或镇上,考察队就休整三五天再出发,经过的地方很多,最后还到了漠河,这里是我国最北面的地方,日照时间只有85天,不到90天。在漠河,赵其国也考察了一两个星期,那里在夏天的时候,白昼时间很长。后来到虎林,从虎林到三江平原,那些地方的土地赵其国全部都调查过。从东到南,从东到西,每年都是回来、去、回来、去、回来,就是这样一种生活。每次回家只有个把月的时间在家,因为南方还有事情要照顾着,当然主要精力和时间还是放在北方,结果一直干到1978年。

在黑龙江,考察队考察了3 400多万亩土地,后来逐步得到开垦,以每亩地300斤到400斤的单产计算,虽然只生产一季,加起来也可以有120亿斤粮食。所以从这个角度来说,赵其国觉得对国家是有一定贡献的。后来好几次到黑龙江,他们请赵其国去,他总是很感慨,说来参加这个会,是带着感情来的,在这片黑土地上付出自己8年的时光。直到现在,黑龙江的一些军垦农场都可以查到赵其国的原始材料。黑龙江成为我国重要的粮仓之一,成为国家重要的商品粮基地,跟过去整个的开发,国家在这里投入的人力、物力和财力是分不开的,跟赵其国这一代人的奉献也是分不开的。

参加全国科学大会

1978 年科学大会是当时整个国家形势发展的一个必然,特别是邓小平同志主持工作以后,提出改革开放的政策,成为国家发展的新起点。正好赵其国和考察队在黑龙江的荒地考察工作告一段落,取得了一定的成绩,因而得到国家的重视,省里面以及各方面的重视,觉得这个工作成果来之不易,所以就确定土壤所派人参加全国科学大会。因为在黑龙江荒地考察中赵其国做了比较多的工作,又担任考察队队长,所以所里确定由李庆逵和赵其国代表所里参加科学大会。李庆逵等于是老一辈的代表,赵其国算是中年的代表。

3 月 18 日,中共中央、国务院在北京隆重召开了全国科学大会,在有6 000 人参加的大会开幕式上,中共中央副主席、国务院副总理邓小平作了重要讲话,号召"树雄心,立大志,向科学技术现代化进军"。科学大会是在人民大会堂开的,赵其国记得是华国锋主持会议,他的报告是从积极的方面来肯定大家在科学研究上的贡献,会上先进集体和先进科技工作者受到了表彰。所以与会期间,赵其国觉得参加会议的代表都很兴奋。会上一共听了好几个报告,有国家科委的,也有中国科学院的。中国科学院的报告,还有好多名人来参加,赵其国记得郭沫若是其中一个。他写的《科学的春天——在全国科学大会闭幕式上的讲话》,在全国激起了很大的影响。听了几个报告之后就是分组讨论,代表们开会在人民大会堂,吃住在北京饭店,接待各方面相当好,超过了赵其国的想象。

这么多年,赵其国头一次进人民大会堂,感觉很兴奋,有时候竟然会有一种错觉,不相信这是真的。在经过"文革"以后,很多人,可以说中国绝大多数知识分子在感到有些绝望的时候,忽然召开了科学大会,这是多么鼓舞人心的一件事。首先是感到国家的科学研究有很大的前途,其次是像赵其国这代人,年过半百,还有机会为国家的科技事业做一点事情,就好比一个关在黑牢里的人忽然看到了阳光,有点睁不开眼。开会期间,大家脸上绽开难得的笑容,心里都有一样的话,那就是科学发展的春天,肯定,一定会到。

基于这样的想法,赵其国兴奋得几个晚上都睡不好,跟李庆逵商量以后,把所里在北京出差的几位同志找来。有几个老的,比赵其国年纪还大,大家在一起谈了好几次,很快就把参加会议获得的信息,包括华国锋、郭沫若以及好多国家领导人和国家科委领导的讲话、中国科学院的报告,及时传达给他们。大家都非常振奋,都觉得有希望了,回来以后一定要齐心协力推动土壤科学事业的发展,不断的向前推进。

当时赵其国的想法还是比较超前的,而且在黑龙江做了这么多年的野外考察工作,自己不能只谈辛苦,还是要谈前景、谈展望,谈发展的希望,这是赵其国觉得要鼓励年轻人的。科学大会前后开了一个星期,从北京回来了以后,江苏省又传达整个科学大会的精神,在大会上又给考察队一张奖状。加上中国科学院、黑龙江省以及所里的多次表彰,一共有好几个奖状,赵其国觉得这是科学春天在自己身上的具体体现,对今后的工作有很大的促进作用。

在全国科学大会上,中国科学院确定办院方针是侧重基础、侧重提高,为国民经济和国防建设服务。1978 年 11 月,南京土壤所根据中国科学院提出的办院方针,召开了"五定"座谈会,即定方向、定课题、定人员、定设备和定制度。会议根据新时期总任务的要求,提出土壤所科研工作要由慢(成果产生速度慢)、小(研究课题小而散)、浅(深层次的研究少)改为快(加快出成果)、大(争取重大任务)、深(开展深层次的研究)。为了更好地发展学科分支和争取国家任务,1979 年 4 月,中国科学院批复南京土壤所新增 6 个研究室(组),分别是土壤电化学研究室、土壤地球化学研究室、水稻土生态研究组、土壤实验技术研究室、图书情报研究室和编译出版室①。

可以说,全国科学大会以后,土壤所进入了改革开放的新的历史时期,全所基本摆脱了文革对科学研究的严重影响,研究机制和人员进行了有机的调整与整合,经历改革阵痛后,重新走上了正轨,使科研人员被压抑的工

---

① 周健民主编:《中国科学院南京土壤研究所发展历程》,2003 年,第 15 页。

作积极性极大地释放出来。

罗马尼亚考察

1979 年 10 月,应罗马尼亚科学院邀请,土壤所派赵其国与文启孝两人赴布加勒斯特参加罗马尼亚科技大会,在会上代表土壤所做科学报告,并表示对大会的祝贺。出国到罗马尼亚,是"文革"以后第一次出国,这在当时是根本想不到的。罗马尼亚相当重视这次会议,邀请了不少国家的代表与会,中国科学院派了土壤所、物理所和数学所等几家单位派人参加,罗马尼亚时任国家主席齐奥塞斯库亲自主持会议开幕式。

赵其国与文启孝两个人一起去,赵其国担任团长。虽然就两个人,还是有团长和团员的区别,不是待遇上有什么不同,主要还是考虑第一次出国,大家心里都没底,说什么不说什么,这样明确一个职务,还是为了负责任,千万不能出什么岔子。当时所里非常重视,熊毅和李庆逵商量,土壤所要安排人在罗马尼亚的会议期间作一个工作交流的报告,因为要用英文,所以就让赵其国来作这个报告。报告要体现既有业务内容,也要有政治的意义,要讲罗方的成就,中国跟罗马尼亚的关系。所以,与其说是一个业务交流的报告,倒不如说是一个政治报告。

做报告就要准备幻灯片,那时还没有电脑,不像现在 PPT 随便一做,就做出几十张来,所以做片子是请图书馆的沈国安他们帮着做。稿子是赵其国先把中文稿子写好,自己把它翻译成英文,再由熊毅与李庆逵亲自修改。在到罗马尼亚以前的一个星期,赵其国就开始练习,包括单词的发音和语速。练几遍以后,就在土壤所的小礼堂,过去老楼上的那个礼堂,把各个研究室的主任都请来,赵其国给他们做报告。大家听了以后觉得不行,重新修改重新练习重新讲,赵其国记得一共讲了 3 次,一个星期讲了 3 次。第一次,熊毅说不行,报告的内容前前后后词不达意,政治的叫政治,业务的叫业务,不行,要融合在一起,改;改了以后第二次再讲,说文启孝讲的那段不行,李庆遽要赵其国继续改。第三次,赵其国讲了以后,因为文启孝的英文有些口语化的东西,也不行,最后确定由赵其国讲。当时出去做报告,不是随随便便做报告。不像现在,做个报告根本没有人有耐心来听,只要去讲就行了,没人评价你的报告。

为了去罗马尼亚,赵其国还特地做了一套西装,打了领带。原来在"文化大革命"中下放的时候,赵其国就觉得不大可能再有出国的机会,从政治上来说,在当时的情境下,根本没有指望还有机会出国。因此,赵其国觉得这次出国不代表自己一个人,是代表一个所,代表一个集体,甚至代表中国科学院,这个责任很重,所以对报告的每个字,每一句话,都要反复练习。虽然一个星期讲了3次,回头在家赵其国自己每天早晨还要念。后来在会上做报告很成功,没出什么岔子。当时整个罗马尼亚科学大会大概有200多人,开得很隆重,报告完了还有人给赵其国献花。会议结束赵其国还把花带回宾馆,两人也觉得挺有意思。

罗马尼亚当时虽然比较穷困,还是在起步当中,但是环境相当好。罗方专门给与会代表安排一条船,沿着多瑙河一直转到南斯拉夫边界,游览了3天。这是赵其国"文化大革命"后第一次出国,印象很深,后来每年罗马尼亚科学院都会给赵其国寄明信片。

回来以后,正面临着全国的区域治理重新规划,国家有个全国区域治理

图6-6　在广东博罗考察(右4为赵其国,1980年5月)

规划的研究,把南方的 12 个省放在一起做一个整体的南方的经济区域规划考察,这个规划里面土壤考察的任务就交给土壤所。赵其国那个时候就是带队负责南方的野外考察,原来分工的时候他就是负责南方。因为博罗是整个广东广西东南部最有代表性的一个地区,是花岗岩盆地,而且博罗开垦、开发的时间比较早,是广东当时的粮食跟农业生产的基地。博罗开发的潜力很大,有进一步开发的需要,但是问题也不少,所以广东省首先希望赵其国到博罗去考察。

当时广东省安排参加考察活动的有 1 000 多人,赵其国从中国科学院土壤所带来 10 多个人,外加广东土壤所的 30 多人,加起来接近 50 人,就在博罗进行考察。当时条件还是很艰苦,正好是学校放暑假的时候,考察队一大帮的人就借住在一个中学里,县城里没有这么大的旅社、招待所,更没有宾馆。县里面安排住在学校,再安排一个厨师和几个人负责食堂,广东土壤所派了 5 辆汽车,大家就冒着暑热开始工作,从博罗一直推到快到汕头。

当地山丘多,每天要翻山越岭,赵其国一共爬上过 4 个山头,每个山头他都到顶上,最高的山大概有 1 300 多米。每天都是早出晚归,包括制图、规划、考察、取样和室内分析,调查内容包括农业问题,也包括各个区域、小镇、小农场等分别不同的情况。当时考察的经费很少,只有 10 万块钱不到,这么多人,吃的、用的,还有一些分析化验的仪器设备,甚至小型的实验室,都搬到那里去。很多东西都是从广东土壤所运过去,中国科学院土壤所去的人,主要花费是人头费,一天要补助多少钱,那点经费根本不够用。有时伙食上就靠当地补贴,县里面经常给考察队打打牙祭,送一头猪来,送一只羊来,送一点大米来。工作告一段落的时候,请他们到县城里面狠狠地撮一顿,吃一顿饭,还可以喝酒。

考察队最后形成了一本二三十万字的报告,这个报告后来作为整个广东省农业规划的一个范本,在广东省推了 10 个县,而且在广东做完以后,在云南、贵州也是按照这个模式进行。这项工作前后大概延续了四五年,但是赵其国参加的是开始的两年,因为所里已经让他担任所长助理,协助处理一些外事接待的任务。

第七章
攻关黄淮海平原

新中国成立以来,党和政府十分重视黄淮海平原的区域综合治理工作,南京土壤所熊毅在 20 世纪 50、60 年代在黄淮海已经有效开展了盐碱地的治理工作。到 80 年代初,国家粮食生产长期徘徊不前,中科院又提出攻关黄淮海低产田,赵其国是最早参与策划并实际参加封丘低产田改造万亩示范方的组织领导者之一。他提出"把办公室搬到封丘",并且每年在当地工作 7 个月。在他的带领下,封丘成为黄淮海低产田改造的一个重要典型,封丘经验得到推广,为国家增产粮食 2 亿斤。

担任土壤所所长

赵其国是 1983 年到 1995 年间这 13 年担任所长的,实际上在 1983 年以前他就做过两年的所长助理。当时因为所里领导层在"文化大革命"后虽然做了一些调整,但是领导工作在组织上仍然不很健全,而且在经费的配置等各方面都存在着一些困难。除了明确的老所长和副所长,李庆逵和熊毅是所长以外,在年轻人中又提拔了一个副所长兼副书记。

在赵其国担任所长的前两年,上级和所里考虑到必须有一个过渡和考察阶段,就先任命赵其国担任所长助理。跟赵其国同时担任所长助理的还有另外两人,赵其国主要负责外事接待和业务工作,另外包括通讯情报和资料方面的工作。在当所长助理的两年中,赵其国主要接待来自苏联、美国和澳大利亚等国的一些与所里原来的老一代有工作关系的科学家,带他们到国内有关地方去考察游览。特别是一些地理学家来了以后,赵其国就带他们去参观北方的黄土以及这些地区的水土保持工作,并且开展一些学术活动。

接待外宾的工作花了赵其国很大一部分精力和时间,因为当时的接待工作不像现在一样,那时都要求全程陪着他们去。比如他们去南方,赵其国要跟着一起去,而且还要安排住的地方、交通条件等等,那时交通、食宿条件也不像现在这样好,所以要操不少心。从 1981 年到 1983 年就两年主要是做这些工作,两年后很快就得到任命了,正式担任所长,原来所里的一位老同志石华担任党委书记。

任命之前上级对赵其国有一段考核的过程,前后大概考核了三四个月,是由中国科学院南京分院组织考核,并将考核结果上报中国科学院。当时所里有 3 个候选人参加考核,一个人因为在"文化大革命"动手打了人,所以没办法上去;另外一个因为身体方面的原因也落选。上级经综合考核后,决定培养赵其国,虽然没有正式下文,但在任命以前就知道了。当时还不是所长负责制,是在党委领导下开展工作,所以很多事情赵其国都是和石华商量着办。当时这个班子除了赵其国跟石华两个人以外,还有一个副书记,一个管行政工作的副所长,后来又补充了一个所长助理,一共有 5 个人组织安排所里的各项业务工作,形成一个领导班子。

赵其国担任所长的时候,正是刚经历过"文革",全国上下都憋着一股劲儿,但从条件上来说,跟全国的大多数科研院所一样,土壤所也面临很多困难。最突出的问题就是组织不健全,经费严重短缺,人才队伍青黄不接。另外,人员搭配也存在一些具体的困难,工作当中任务不明确,职责不清楚,队伍不稳定,整体来说,当时土壤所还处在一个过渡发展加自身调整的阶段。当时,在组织上、在工作上、任务上、人员上特别是在经费上,这五大方面都特别混乱。上面拨付的经费很少,主要是人头费,所以除了发工资以外,其他的业务经费就少得可怜。不像现在申请课题马上就能拿到钱,当时是很困难的,只有通过所长,通过赵其国来向院里面争取一些项目。

当时所里大概有200多人,高级研究人员很少,赵其国也是担任所长前几个月才被任命为研究员的。当时副研究员和研究员都要报到中国科学院去批,特别是研究员,要报到科学院的地学部去评审,还要答辩,有时候答辩几次都不行。赵其国答辩一次就通过了,所以当时所里面只有两三个人是新的研究员。赵其国成为研究员以后,职称的评审又停了大概一年,后来逐渐恢复正常了,所以在土壤所,赵其国这一辈研究人员中,他算是比较早成为研究员的。还有一个比赵其国年纪大的提上了研究员,另外有几个老的都没提上,当时名额确实比较少,所以当时土壤所高级研究人员比较少。助理研究员稍微多一些,另外还有研究实习员,就相当于现在大学里的助教。

针对这些问题,上任以后赵其国主要是做了几件事情。首先就是凝聚人心,先把大家的心拢在一起。赵其国觉得当时所里人不是太多,心却很散,在组织建设、思想建设还有党内统一认识的问题上都亟需加强,一切都要围绕着有利于土壤所发展的事情来干。当时的研究室不是很多,五六个研究室有土壤的、地理的、化学的、生物的、物理的,还有电化学的。只有将人员凝聚起来才能集中做好一项工作,面对国家项目有较好的人员队伍,因为土壤学不是单纯的地理,还有生物、环境、物理、化学都有,只有把大家的力量集中起来才行;其次,经费不太多,赵其国记得做所长期间拿到的最多的一笔钱只有130万,只有把全所的人组织起来,任务集中、经费集中,大家齐心协力才能很快把任务完成。

每次通过所长去科学院拿到项目后回来都分给大家,赵其国自己是没有项目的,做了13年所长,从来没有任何一个课题是属于自己的。土壤所里的课题主持人写的是赵其国,但实际上拿到项目都是交给大家来做。当时土壤所一年能只能拿到一两个课题,如果有两三个课题就很了不得,现在一年有几百个课题。当时所长拿的事业经费就是用来维持人员的工资、简单的基建,基础仪器设备添置很少,所以很多仪器设备如 X 衍射、光谱等都是

图 7-1　中国科学院南京土壤研究所领导在讨论工作(左 2 为赵其国,
左 4 为李庆逵,1993 年 12 月)

集中放在一起用。集中在一起才有战斗力,大家都围绕着同一个目标来做。而且说两年做完就一定要做完,具体实施步骤都是由领导班子与大家一起讨论以后才决定的。

其次就是统一认识,把大家团结在一起。主要是领导班子要团结,班子不团结,人心就更散了,从党政的团结到所里各种人的团结都是很重要的。赵其国跟石华,两个人一个管党务一个管行政,按照党委领导下的所长责任制形式,明确分工。石华主抓全所的思想政治工作,所里的人事任命、人员的调整、思想建设和组织建设都由他负责。赵其国负责业务,搞课题、筹经费,组织大家完成任务,经常开会交流学术思想。两个人合作得就像一个人一样,书记和所长团结起来下面工作就会很好开展,业务副所长和另一个副书记配合得也很好,大家经常一起开会。土壤所是中国科学院当时不到 100 个所当中党政领导做得最好的一个榜样,在科学院一直都是受到表扬的。

赵其国有什么事情不在所里,石华就全面负责;他要是不在,或者有什么偏差,虽然人事方面是他负责,赵其国也一起承担。大家分工明确,但都可以共同分担责任。那时候班子每个星期一早晨都要开例会,人都要到齐,除非出差。会上要分别汇报上一个星期的工作完成情况和本周的工作安排,然后就出现的问题如何处理进行讨论,形成统一的意见后再大家分工,分头办理。党委的会议是一个月或者半个月开一次,当时的制度很严格。如果科学院有什么重要的任务安排,赵其国就安排召开紧急会议,马上部署。

担任所长对自己的科研工作当然有影响,但是赵其国非常清楚,既然身为所长,就要对整个土壤所负责,对科学院负责。所以,赵其国把科研工作和行政工作划分开,看时间安排上是四六开还是三七开合适,赵其国开始觉得四六开较好,但实在照顾不过来,后来基本就是三七开,有三分的时间做业务七分的时间做管理。管理不好是不行的,除了经常要开会,还要经常在下面转,发现问题要及时解决,不像科研工作,有时可以放一放。有时实在不行,赵其国就想办法用早上的时间,有时候凌晨4点爬起来看自己的实验。从年轻时就养成习惯早起,晚上决不拖,早上决不赖。但总有出差或出国的情况,这时只好请别人帮帮忙,或者让自己的学生来帮帮忙。

管理工作千头万绪,处理不好就可能产生不好的影响甚至出大问题,所以很多事情赵其国都必须亲手去抓,但是还不能抓得太死,该分工的还是要分工。该批评的还是要批评,有时批评人蛮厉害的,回头错了给别人道歉。赵其国是直性子,谁做得好做得不好心中还是有数的,做得好的要表扬;做得不对,没按照要求去做,做错了还不承认,那要批评。有一次开会,当着全所100多人的面赵其国批评了一个人。但是他从来不记仇,讲了以后,改了就行,从来不给别人穿小鞋。

当时管理工作很难做,各方面规章制度也缺乏,即使有也不执行。面对这样的情形,首先就是自己要行得正,要有规矩,不能乱来。无论是住房、奖金等,都要拿出方案经班子讨论决定后执行。该是自己的可以拿,不该自己的绝对不拿,大家要平等。在江西红壤站,大家吃饭都是一起吃,真是吃大锅饭,从来不开小灶,要打牙祭大家一起打。要律人首先自律,不自律是不行的。赵其国担任所长10多年,真正得罪的人很少,跟赵其国记仇的人就更少了。

带队攻关黄淮海低产田

黄淮海平原主要指黄河、淮河和海河的冲积平原,包括河北、山东、河南、江苏、安徽,除这五省外,还包括北京和天津两市,共五省二市,有 316 个县(市),面积 35 万平方公里,总人口近 2 亿,耕地 2.7 亿亩。黄淮海平原地处暖温带,雨热同期,地势平坦,土层深厚,自然条件比较优越,是我国重要的农业区域之一。据统计,黄淮海平原的粮食和棉花产量分别占全国总产量的 20％和 50％以上,油料和肉类产量分别占 15％左右。因此,黄淮海平原农业生产状况和发展速度对全国农业和国民经济发展均有重要的影响。

黄淮海平原中低产田面积较大,长期以来,由于旱涝碱风沙灾害未能得到有效治理,中低产田很多,其中盐碱土面积 4 000 多万亩,砂姜黑土 4 000 多万亩,风沙土 3 000 多万亩,沼泽土 3 000 多万亩,这些类型的土壤,共有 1.7 亿多万亩,占到整个黄淮海平原土地总面积的 60％[①]。这些贫瘠的土地,既是造成当地群众生活贫困的主要原因,同时,因为黄淮海平原是我国政治、经济和文化的中心区域,其交通便利,劳动力充足,所以农业生产的发展潜力又很大。

新中国成立以来,党和政府十分重视黄淮海平原的区域综合治理工作,先后对海河、黄河、淮河进行了大规模的整治。1960 年代将其列为全国十大农业综合试验区,"六五"和"七五"期间,又将中低产地区综合治理纳入国家科技攻关计划。经过多部门、多学科联合攻关,不仅查清了该地区农业自然资源的数量与分布,阐明了旱涝盐碱的成因与发生规律,而且提出了治理中低产田的配套技术,并进行了大面积的推广,取得明显的经济效益。

20 世纪 50 年代初期,中国科学院会同有关部门开展了黄淮海平原土壤普查,完成了我国第一部《华北平原土壤》专著和《华北平原土壤图集》,阐明

---

① 赵其国:"黄淮海平原水土资源特点及节水农业技术"。《人民黄河》,1989 年第 5 期,第 8–12 页。

了黄淮海平原土壤次生盐渍化的发生原因,提出了防治途径和根本措施,在指导综合治理旱涝盐碱方面发挥了重要作用。20世纪60年代初,中国科学院有关研究所在当地协作下,完成了豫北、鲁西北等地区农业区划和规划工作,此后建立河南封丘10万亩、山东禹城14万亩井灌排旱涝碱综合治理试验区,在治灾、增产中取得明显成绩,产生了重大影响。

1965年,土壤所在黄淮海地区河南封丘建立试验站。这个实验站主要围绕黄淮海地区农业开发进行试验,由熊毅主持。1965年,他从巴基斯坦考察回国后,发现黄淮海与巴基斯坦的自然条件相似,都是以盐土、碱土为主的地区。盐碱土在巴基斯坦也有很大的面积。巴基斯坦人是用井水灌、排来治理盐碱土,消除盐渍危害的。熊毅把这个经验带回国,就在封丘做试验。因为盐就在土壤以下两米深,原来用黄河水漫灌时,一下子就把土壤毛细管下面的盐带到地面上来,铺在土壤表面,形成铺天盖地的一片白。采用"井灌井排"技术能有效地抑制盐碱的发生。熊毅在那里打了5口梅花井,开创了黄淮海地区盐碱土治理的先例,封丘因此成为我国当时进行盐碱土土地开发试验的核心实验区①。"文化大革命"开始以后,封丘站的工作停顿下来,盐碱土的改良工作也停顿下来。

1980年代,中科院又建立了河北南皮试验区,同时禹城、封丘试验站对外开放。1982年至1985年期间,我国经济建设开始复兴,中科院开始加强农业方面的工作。土壤所恢复了封丘站的试验工作,重新作为试验基地,投入了一些科技力量,在过去工作的基础上,开始了新的治理模式。从1984年开始到1986年,在这3年当中,封丘站围绕着国家粮食增产的要求,搞了万亩试区。1个区1个区、1万亩1万亩地治理和开发,进行盐碱土的改良,而且把盐碱、风沙、贫瘠综合起来治理。

采取的是综合治理的办法,通过"井灌井排",修沟修渠,平整土地,以有机肥为主化肥为辅的施肥方法,从根本上解决水、肥、土的问题。封丘开发的情景很好,土地面积广大,而且没有什么山丘,广而平。土壤所的科研人

---

① 周健民:"熊毅教授与我国土壤科学的发展——缅怀熊毅教授"。《熊毅文集》,科学出版社,2003年,第4页。

员对"井灌井排"的技术性能把握得很好,在 100 亩的范围打一口井,把井水抽上来,再用挖好的沟排水,把盐控制在土壤的一两米以下。就这样,通过十几年的改良,在万亩试区,由粮食产量每亩还不到 200 斤,提高到亩产 600 斤,现在已经能达到每亩 1 000 到 1 200 斤的好成绩,改良了 80% 左右的低产土壤的肥力,使封丘的粮食产量不仅提高了一倍,而且产量稳定。

1985 年以后,我国的粮食生产出现连续徘徊的局面,引起了社会各界的普遍关注。当时的大背景是,党中央国务院号召科研单位要面向国民经济主战场,有中央领导批评中科院"不发泡",意思是没有为国民经济作出直接的贡献。周光召院长面临很大压力。1987 年,中科院在调查、分析的基础上,提出了黄淮海平原粮食生产潜力最大的观点,受到国家有关主管部门的高度重视。紧接着,由院领导率领专家组赴冀、鲁、豫、皖有关地区考察,并同 4 省领导商讨联合进行中低产田改造和农业综合开发。1987 年 10 月份,中科院准备组织大会战,正好赶上党的十三大在北京召开,赵其国是十三大代表,李振声也是十三大代表,都在北京参加会议。两个人就一起商量怎样开始在黄淮海进行大会战的问题,决定首先去找也是党代表的河南省委副书记、代省长程维高,他在任南京市委书记时,因为江苏省的农业问题经常来找赵其国,相互之间早就认识。

李振声、赵其国跟程维高商量,中科院考虑把河南省作为农业综合开发的基地,得到程的支持,认为中科院的思路是对的。同时,李、赵二人又找田纪云副总理汇报相关工作,通了气。1987 年 11 月,党的十三大结束以后,程维高马上召开会议,商讨把封丘作为基地,开展粮棉油综合开发,而且把赵其国和李振声请来列席会议。会上,程维高说要发挥河南省在黄淮海平原的综合潜力,为国家做出贡献。河南省提出这个思路以后,就跟山东省联合起草文件,向国务院报送请战书。经国务院批准,最终请战书成为河南、河北、山东、江苏、安徽、北京和天津五省二市共同实施农业综合开发的文件,黄淮海平原综合开发作为一个国家行为推开,成为真正的大会战。中科院有 20 多个研究所在北京开了誓师大会,植物生理研究所、遗传研究所、水生生物研究所、遥感所等等与农业研究开发方面相关的所,全部都去开会。

1987 年 12 月,中科院在河南新乡黄河宾馆召开动员大会,周光召出席。

1988 年初,中科院向国务院呈报了《关于开展黄淮海平原部分地区中低产田治理开发工作报告》,并两次召开全院性农业综合开发工作会议,研究和部署黄淮海平原农业综合开发工作计划,成立了院农业项目管理办公室,得到了国家有关部门的支持。1988 年以后,中科院共组织 30 个研究所 600 余名科技人员,投入黄淮海平原农业综合开发主战场。

1988 年,中科院将黄淮海平原农业综合开发工作列为重大项目,组织有关研究所投入黄淮海农业综合开发主战场,为实现本世纪末增产粮食 500 亿斤、棉花 2 000 万担、油料 3 000 万担、肉 200 万吨的"5232"工程的宏伟目标作贡献。黄淮海平原豫北、淮北、苏北的农业综合开发工作以中国科学院南京土壤所为牵头单位,中科院参加的单位有 9 个研究所,生态环境研究中心、兰州沙漠研究所、长沙农业现代化研究所、遗传研究所、武汉水生生物研究所、成都生物研究所、武汉植物研究所、武汉病毒研究所和南京地理湖泊所等,参加工作的科技人员 200 余人。参加豫北地区工作的院外单位有新乡市黄淮海办公室、封丘县、新乡县、延津县、卫辉市和范县人民政府及有关科技人员;参加淮北怀远试区工作的有南京农业大学、蚌埠市农业局、怀远县及鲍集乡的农技人员;参加苏北泗洪试区工作的有泗洪县政府及当地农技人员。

豫北、淮北、苏北的农业开发工作以中低产田的综合治理开发为中心,分别建立 6 个不同类型的综合治理开发试区,包括封丘县应举—獐鹿市盐碱地综合治理万亩试区、延津县沙荒地综合治理万亩试区、卫辉市李元屯洼涝沙荒地综合治理试区、范县背河洼地综合治理万亩试区、怀远县砂姜黑土综合治理万亩试区、泗洪县砂姜黑土综合治理万亩试区等。各试区在中科院领导和当地政府及群众支持下,大抓农田水利工程建设,井渠路林桥基本配套,初步建成了高产稳产的农田生态体系。经过 3 年的综合治理开发,试区产量和人均收入大幅度增加,取得了显著的经济、生态和社会效益,为黄淮海平原不同类型区的综合治理开发提供了示范。

中国科学院黄淮海平原农业综合开发工作,受到中央和国务院领导同志的高度重视,在国家农业综合开发领导小组、国家计委、国家科委及有关省(区)的大力支持下,中国科学院同地方政府密切配合,将封丘、禹城、南皮

图 7-2　在黄淮海平原综合开发区考察(右 2 为赵其国,1989 年 7 月)

试验区的成功经验,推广到 5 个地区(市)的 44 个县(市),建立 23 个农业综合开发基地,21 个技术示范点。从 1988 年至 1990 年,通过试验示范、科技承包、技术培训和选派科技副县(市)长等多种形式,推广农业新技术 50 余项,累计面积达 1 500 万亩,直接经济效益 10 亿元以上。3 年来,在豫北、淮北、苏北地区,大力推广应用科学技术成果,积极开展科技培训工作,共举办 38 个培训班,参加培训人员达 5 000 人次,既普及了农村科学种田知识,也为当地培养了大批农业科技人才。

把办公室搬到封丘

1987 年 10 月 4 日,中科院在河南省封丘县南京土壤所封丘实验站召开封丘站开放会议,参加会议的有 100 多人,中国科学院副院长李振声和河南省副省长宋照肃共同主持了这次会议。这次会议促成了封丘经验的推广,并导致农业科技黄淮海战役的最终成形。1988 年 1 月,中国科学院在中关村中科院的"四不要"礼堂召开全院的动员大会,中科院有 20 多个研究所都上去打擂台,包括植物生理研究所、遗传研究所、水生生物研究所等等。总之，与农业研究开发方面相关的所，甚至遥感所，全部都上台誓师。1988年2月22日，《人民日报》头版头条发表了题为"农业科技'黄淮海战役'将揭序幕—中科院决定投入精兵强将打翻身仗"的报道，大大鼓舞了所有参加人员的士气。

为了做好工作，赵其国每年有7个月在封丘办公，好像他这个土壤所所长的办公室不在南京而在封丘，结果土壤所的很多工作也都围绕着封丘展开，好像研究所几乎都在那里办公了。当时在封丘集中了两三百人，有土壤所的，也有其他单位的，为土壤所主持的工作而流转，有十几个所的副所长都在，赵其国担任大队长，他就做个榜样，一头扎在封丘不走，这样其他人也都安下心来，为国家实现粮食增产拼着命干。

当时的条件很艰苦，大家住在万亩试区，房子根本不够住，就在试区里搭棚子住。晚上有的睡在桌子上，有的睡在地上，赵其国也打地铺。没有汽车，就两个人骑一辆自行车，到田里去不能骑自行车，就靠两条腿走路。每天早上出去的时候把馒头背在身上，中午常常没有时间回来吃饭，就是回到驻地，食堂也是开大灶。"当时群众生活水平很低，他们跟村民同吃同住。当时主要靠'三红'度日，就是红薯、红高粱、红辣椒，吃得饱，但吃不好。"①

工作的条件也比较简陋，科研人员跟群众一起拿着尺子在地里规划。地里要种树，就要把树苗弄来，弄来后要定苗，定苗以后要培植。种进去之后还要在里面套种麦子。夏季要种玉米，既间种也要套种，就是想着怎么样使粮食产量越来越高。要防风灾，还要种泡桐，因为泡桐是防风的。栽树要栽成一层一层的，100亩见方规划一个林带，规规矩矩，有当时的航空照片为证。在开展黄淮海大规模中低产田改造之前，历史上没有谁做过这样的工作，组织如此大量的人力、物力，把大片的盐碱地一个一个方格划起来，方格外面是一层一层排水的沟渠和灌溉的沟渠。一个灌，一个排，灌的不能排，排的不能灌，因为灌和排一交叉盐就上到地表来了。灌的沟渠一米高，排的沟渠也一米多高，一个万亩试区仅仅各类科技人员就要投入上百人，其他跟在后面做辅助工作的群众有一大批。几乎整个封丘县都动员起来，县委书

---

① 李振声等口述，温瑾访问整理：《农业科技"黄淮海战役"》。湖南教育出版社，2012年，第294页。

记也跟赵其国一起办公,工作队有什么需要,县里马上组织人员跟上。比如推广水稻种植,县里组织开现场会,一开完马上分配种植水稻的面积,规定各家各户必须种多少,在当时计划经济条件下,这些措施都发挥了很好的作用。

科学试验要有数据的测定,每天温度变化,有人拿着温度计在地里测,包括水、肥、气、盐的变化都要测定清楚。每一个田块都有数据,每一个田块的产量,都能说清楚。这些数据都是用很原始的方法,用手工操作测量出来的,是每个人一点一滴亲自干出来的。粮食收获量都是自己去麦场打粮食,肥沃田地的收获,贫瘦田地的收获,都要进行测量和对比。既要做到科学性、真实性,又要能够达到可推广性。那时很多工作国家根本没有多余的力量来组织验收,赵其国跟大家说:"我们自己做的工作我们自己对国家负责,我们自己都不确定的结果千万不要吹。"①当时土壤所在封丘的人很多,有搞稻改的,有搞计算机的,另外中科院遗传所、武汉水生所、兰州沙漠所、遥感所、植物所都有人参加,他们都把自己的专业知识用到封丘的实践当中来,做出了很大的贡献。

专家们像打仗一样,各个兵种都上,很多人都跟赵其国一样,常年在封丘工作,一干就是几年、十几年。有的人病了也拖着不去医院,胃有毛病的人不在少数,很多人都是一辈子就这样献身于国家的科学事业。经过这样大规模的会战,整个黄淮海地区的1.7亿亩耕地中,80%的土地都得到改良。1993年,黄淮海平原综合治理与开发项目荣获了国家特等奖,整个工作告一段落,赵其国才搬回南京土壤所办公。

黄淮海农业综合开发治理的战役,推动了整个华北平原农业的发展,整个黄淮海地区的盐碱土改良,促进了粮棉油、畜牧业的发展,为该区域的粮食增产、农业开发做出了贡献。同时,"黄淮海战役"也推动了全国农业的综合开发,从"黄淮海战役"开始,国务院成立农业综合开发办公室,一直到现在都在领导全国的农业综合开发,而最开始就是中国科学院提出来的。不仅提出来,而且把封丘做出了样板,从理论与实践上把农业综合开发问题搞清楚了。

---

① 李振声等口述,温瑾访问整理:《农业科技"黄淮海战役"》。湖南教育出版社,2012年,第256页。

第八章
悉心开展红壤研究

中国南方的一大片国土都覆盖着厚厚的红壤,赵其国有幸在年轻时就跟随李庆逵一直研究红壤,经过长期潜心研究,在热带土壤发生及红壤物质循环与调控研究方面取得突出成绩,首次明确提出我国红壤具有古风化过程及现代红壤化过程两种对立统一的特征,指出红壤元素迁移的顺序。此外,系统研究了红壤的水分、养分循环、退化过程与有关物质循环的相互作用规律,开创了我国红壤物资循环综合研究的新思路。

在江西建设中科院红壤站

江西红壤的研究是赵其国任所长之前就开始的,趁着所长任命还没下来的时候,想把江西整个 17 万 5 千平方公里考察一遍。20 世纪 50 年代李庆逵就在江西考察过,也做过小型的试验站,所以江西省对赵其国的工作很支持,希望他能组织人力把江西整个考察一遍,看看全省 78 个县,农业和经济的布局究竟应该如何规划,要求能从地理、农业、粮食安全和食品安全、生态安全的角度提出个意见。这与赵其国的工作思路不谋而合,因此后面的合作就很顺利,江西省给了 10 多万元经费,请江西省红壤所配合,之前赵其国与他们早就在一起工作。

原先在南昌有一个站,那个时候新中国刚成立,李庆逵建了一个站,这个站后来工作开展不下去,"文革"中工人闹事,要正式编制,后来实在没办法就交给当地有关部门管理了。赵其国的一些工作是跟当地的红壤所结合在一起做,没有建立试验站。这个时候江西省提出全面考察的要求,他就跟红壤所在一起组织实施江西省的土地资源和区划的考察工作。南京土壤所也有七八个原来研究红壤的人也参加进来,把一些小型的仪器设备搬到江西这个红壤所的试验站里,一边做化验分析,一边组织一部分人员进行野外考察。

1982 年 6 月,赵其国正式开始江西的考察。江西红壤所能出去考察的大概有 14 个人,加上土壤所来的,一共有 20 多个人,配备两台汽车。大家一起出发,到一个县以后再分成两个组考察,一天结束以后再会合,这样前后跑了 8 个月。这 8 个月赵其国基本都在江西跑,所里很多人都不知道赵其国到哪儿去了。后来跑坏了 3 台车,78 个县赵其国到了 73 个,有 5 个县没去成,被水淹了,总共跑了 16.5 万平方公里。出去考察辛苦一点,在野外吃饭不方便,没赶上饭点的时候就啃干粮,就是一些掺了粗粮的饼子,不像现在

图 8-1　在江西鹰潭刘家站为江西红壤站选址(左 1 为李庆逵,左 2 为石华,左 3 为赵其国,1985 年 10 月)

有馒头，有时候赶到小镇上才可以吃一点热乎饭菜。每到一个地方，地方上组织农业、环境等部门的人员一起参加考察，加起来有 40 多人。赵其国最后一个县的考察没参加，因为所里有事，实在没办法，就离开江西回来了。

南京土壤所的事一忙完，江西的调查也刚好结束，赵其国又回到江西红壤所，组织人员编写一本 70 万多字的江西资源红壤报告，并绘制一张 1∶250 000 的土壤分布图。20 世纪 50 年代，李庆逵在江西研究红壤，当时赵其国也跟在后面做了一些工作，"文革"后赵其国到江西来与红壤所合作考察，在这些工作中，逐步把土壤所的一些科研工作态度和工作方法传承下来。编写报告的时候，赵其国就整天住在那里，早晨 5 点钟起床，在院子里就把人叫起来讨论，吃过早饭就坐下来整理资料，大家都集中在一个房子里面。前后有 20 多天，赵其国和一大帮人都住在那里，让人把饭送进来，就是为了抓紧时间完成报告。赵其国一个人就写了 15 万字，全是拿笔写，当时也不能打字，写了以后，有人誊抄。后来跟省里汇报，获得了江西省科技进步一等奖。

因为江西是中部地区红壤最有典型的土壤的代表，各种各样的都有，所以赵其国把 12 个红壤的定位工作放在江西，并且从此以后，就在红壤地区建立了一个红壤试验站，这样红壤的研究工作逐步有序开展起来，成为系统研究红壤的开始。当时孙鸿烈担任中国科学副院长，赵其国跟他要了 150 万元，那时这就算是一个天文数字了。后来一共建了两个站，在东北还建了一个黑土站。建站要选址，赵其国把孙鸿烈找来，从南京沿着安徽一直到江西，一直都没选上。前后转了 18 天，一直到江西鹰潭市余江县的刘家站，发现这个地方建站比较可行。这个地方前面有湖，后面有山，又有平地，而且这个地方当时一片空白，东边有铁路，西边有公路，还是几个省的交界的地方。

地点确定下来以后，赵其国打报告直接找江西省委书记强卫，很快就批下来了，一共批了 1 500 亩建站用地。赵其国等几个人与省市县签了合作协议，500 元一亩地，连地面上生长的马尾松树也一起给，简直就是半卖半送，算是江西省对中科院建设红壤站的一个直接的支持。建站的困难主要是没钱，当时跟孙鸿烈要的 150 万元，其中有 50 万寄到东北去建黑土站，结果被挪用,最后挨了批。而在江西建红壤站,可以说一分钱都没有浪费,受到科学院的表扬。赵其国跟石华在那里,住了3个月,盯着把这个站建了起来。当时条件还是很艰苦,各方面都存在一些困难,如果不盯得紧的话,有时建筑材料就给当地一些人给拿回家了。

红壤站跟刘家站还隔了有5公里远,开始建设的时候,大家都是用自行车驮砖买瓦。砖不是买普通用土烧制的砖,而是用当地出产的红砂石打的石块,每一块都挺沉。第三纪的红砂石比较疏松,当地老百姓都把它当成砖头用来砌房,一块红砂石有9块普通砖头那么大,但不像9块砖那样重,只有两三块砖的重量,而它的体积相当于9块砖的体积,价钱只相当于2块砖的价钱。离工地不远的地方就有红砂岩,只要有力气敲,一打就可以拿回来用,这样建材上就省了不少钱。

图8-2 江西鹰潭刘家站红壤站选建立签字仪式(前排右1为赵其国,1985年11月)

水用的是旁边水库里的水,也不要钱,只要用泵抽上来就可以保证生产生活用水需要,实验室用的水再经过一定程度的过滤即可解决。另外,科研人员要在那边安顿下来,生活要安定,不是一天两天的事情,因此要有一个比较舒适的居住环境。年轻人没点电视、没点娱乐,生活太枯燥不行,因为那儿离县城太远了。所以,生活条件也要逐步改善,这些都需要钱。要钱不容易,赵其国负责到科学院去闹、去吵、去要,反正为了公家的事,老脸也不要了。主要跟科学院要业务费、基建费、维修费、交通费,另外配汽车的事跟科学院要了好几次,总跑不下来,这个单位小,不够资格。但没有汽车野外考察没办法跑,采样拉不回来,器材拉不出去,这些都是问题。慢慢地,吉普车跑下来了,其他成套的仪器设备也置办起来。为了解决职工生活上的需要,后来还办了一个养猪场和茶厂,吃的猪肉都是养猪场送过来的,喝茶是从茶厂送来的,这些都不要钱。

红壤站建成以后,接待了不少国内外的学者过来做实验或者参观学习,开始石华还兼该站站长,后来就由其他人具体负责了。不过,一直到现在赵其国还对红壤研究相当关心,有关该站的一些规划建设方案都要征求赵其国的意见,跟江西省的一些协调工作赵其国还得出面。经过近 30 年的发展,现已成为我国南方红黄壤地区设置的一个长期的、开放最早的、面积大且合理布置农林果牧渔等不同生态系统类型的综合性农业、资源、生态与环境多学科的野外研究基地,是集区域生态系统定位观测与研究、资源高效利用与农业可持续发展模式示范、优秀科研人才培养等功能于一体的大型野外开放研究实验站。

率先开展红壤定位观测

中国南方的一大片国土都覆盖着厚厚的红壤,960 万平方公里的面积中有 240 万是红土,占到四分之一。长江以南基本上都是红壤,长江以北,一部分是棕壤,一部分是黄土,一部分是黑土,一部分是冲积土,滨海是岩土,还有高山土。南方红壤地区是我国温度最高、湿度最大、生长季节最长的地区,而且有热带亚热带特征的气候条件,是最好的热湿条件,一年 360 天,可以有两到三季的作物生长。东北一年只有一季,西北最多的有一季半,在西藏就谈不上了。所以,长江流域的红壤是我国最有代表性的土壤,世界其他地区如南美、中美、非洲整个的地方虽然都属于热带、亚热带,但普遍干旱少雨,属于干旱的热带亚热带,作物生长条件比较差。

这么优越的土壤条件加上气候条件,长江流域的红壤为中华文明孕育发展提供了丰富的物质保障。之前说"两湖熟,天下足",后来说"湖广熟,天下足",都反映了长江以南的红壤地区长久以来成为我国的粮食主产区,明清以降,都是通过漕运实现南粮北调,产自湖南、江西的大米通过大运河源源不断输往京师。所以,作为中国的一个土壤科研人员,红壤是必须要研究的。赵其国有幸在年轻时就跟随李庆逵一直搞红壤研究,到现在自己和学生一起还接着做实验,研究红壤的特性。

我国热带和亚热带地区,广泛分布着红色或黄色的土壤,由于它们在土壤发生和生产利用上有共同之处,统归为红壤系列或富铝化土纲,包括砖红壤、赤红壤、红壤、黄壤等主要土类。其分布范围包括广东、广西、云南、贵州、福建、江西、湖南、浙江、台湾 9 省区,以及安徽、湖北、江苏、四川、西藏 5 省区的部分地域,总面积 203 万平方公里,约占全国土地面积的 21%。红壤地区气温高、雨量充沛,自然条件十分优越,是我国热带亚热带林木、果树和粮食作物的重要生产基地,生产潜力很大。

我国热带亚热带地区,由于受季风气候所控制,一般都具有高温多雨,干湿季明显的特点,因而,水热状况不论对土壤形成发育和热带亚热带作物发展,都有很大影响。本区以山丘为主,地形及母质变化复杂,丘陵台地,地势平缓,淋溶作用强烈,大多出现红壤。高山地区,温度较低,温度很大,易于发育黄壤。深切河谷,气候干热,淋溶作用较弱,大多形成褐红壤。红壤的形成是富铝化与生物富集化两种过程长期作用的结果,前者是该区土壤形成的基础,后者是土壤肥力不断发展的前提。富铝化过程,亦称脱硅富铝化过程,是红壤形成的主要过程,也是红壤中所进行的一种地球化学过程,其特点是,土体中硅酸盐类矿物强烈分解,硅和盐基遭到淋失,铁铝等氧化物明显聚积以及粘粒与次生矿物不断形成。红壤除具有脱硅富铝化过程外,同时具有明显的生物富集过程,这是由于在湿热条件下,繁茂的草木及其凋落物参与土壤强烈的生物循环的结果。据研究,在我国热带雨林条件下,枯枝落叶凋落物(干物质)每年可达 1 540 斤/亩,在热带次生林下达 1 360 斤/亩,

图 8-3　在江西红壤站参加生态站开放评议会议(前排左 2 为赵其国,1989 年 12 月 26 日)

比温带小兴安岭地区高 1.5~2.0 倍[1]。

　　我国对红壤的研究从 20 世纪 50 年代开始,南京土壤研究所当时主要集中在研究橡胶林生态系统的重建、胶茶间作系统、丘陵红壤的土壤侵蚀及其防治途径、红壤旱地与水稻土的养分平衡和肥力恢复、红壤酸化防治等。1953 年,中国科学院组成了由著名科学家李庆逵院士带队的南方红黄壤区土壤资源调查、改良利用试验和橡胶宜林地考察,并在江西省新建县建立了甘家山红壤试验场,开展了一系列的红壤资源开发利用等试验,提出了在红壤上直接施用磷矿粉、以磷增氮等重大建议,取得了显著的经济效益和重大理论进展。60 至 70 年代,土壤所又相继在浙、赣布点开展红壤理化特性和肥料试验研究,建立示范样板田,对热带、亚热带森林生态系统的保护、次生潜育化引起的红壤性水稻土退化问题开展系统研究。80 年代在海南岛、广东、云南西双版纳等地,开展了热带、亚热带森林系统定位观测、红壤养分物质循环与肥力变化的定位研究。

---

[1] 李庆逵主编:《中国红壤》。科学出版社,1983 年,第 4 页。

1985年,在总结以往经验教训的基础上,中国科学院根据国家国民经济建设和科学发展的需要决定在我国中亚热带典型红壤集中分布的江西省鹰潭市境内建立一个长期综合的实验研究基地——中国科学院红壤生态实验站。为了深入研究土壤圈与环境间的养循环规律,赵其国在江西鹰潭生态试验站内,按照系统分析模式,安装了不同母质上发育土壤的原状土柱,通过排水采集器进行物质和能量交换的系统监测,这种参数测定和模型的建立,为红壤地区养分和水分的循环预测、预控及土壤的合理利用与改良,将提供可靠的数量依据。

赵其国在江西刘家站中国科学院红壤站有一个研究项目,学习澳大利亚、英国和美国搞生物地理群落定位站。采样的时候把原装的土壤挖出来,这个土层有一两米深,用汽车、火车把样品原封不动运回来,运到红壤站,到地下室把它装起来,有花岗岩发育的、玄武岩发育的,几种不同的物质发育的红壤,云南的、广东的、广西的,赵其国都把它在一个排水采集器中装起来,用水淋,各种各样不同的营养元素,氮钾磷等等,上面种植不同的作物,看它各种元素在长期水淋以后的情况,土壤中营养元素的流失情况。英国洛桑试验站已经做了150年类似的实验,从开始土壤施化肥的就一直施化肥,施有机肥的就一直施有机肥,还有有机肥跟化肥混合施肥的,这样的实验结果一直进行对比,已经持续150年。有人说有机肥好,有人说化肥好,到底怎样,通过这个对比实验得出的结论就比较令人信服。150年的实验证明,还是要化肥和有机肥合理的、按比例的看土施肥。

长期以来,国内外土壤学者对红壤的成土条件、基本属性进行过大量研究,但对红壤现代成土过程的本质、物质迁移转化规律,特别是红壤发育年龄等问题尚未能深入阐明;同时过去对红壤研究多采用野外与室内的静态方法,缺乏长期定位与动态的系统研究,在论证成土过程与发育年龄上,也缺乏定量依据。为了进一步阐明红壤形成过程与发育年龄,赵其国在江西鹰潭中国科学院红壤生态试验站,利用排水采集器等装置,通过定位观测与计算机模拟,在我国率先开展了红壤水热动态规律,物质迁移与平衡的定位观察,并从动态与定量角度对其成土过程与发育年龄进行深入研究。

研究表明,我国红壤的形成是脱硅富铝化与生物富集过程两种相互作用的结果。脱硅富铝化过程是红壤形成的基础,它与红壤古风化壳的形成有密切联系,而生物富集过程是现代生物富集作用影响红壤发育的过程,这两个过程对红壤形成的影响是相互统一、不可分割的。其次,我国红壤发育虽经历了长期的古风化过程,但当前的生物气候条件对其形成有明显影响,表现出红壤现代成土过程的特点,并进一步说明在当前生物气候条件下,红壤的脱硅富铝化与生物富集作用仍在不断进行中,这一认识对进一步阐明红壤形成的实质与合理利用红壤资源均有重要的理论与实践意义。第三,根据土壤溶液中硅的含量所进行的元素迁移计算说明,由玄武岩发育的红壤(亦称砖红壤)完成全部脱硅过程的绝对年龄为 1.5 MBP,大体上相当于晚期更新世地质时期。这一结果虽需深入论证,但在我国红壤发育年龄的研究中是第一次,它对进一步探讨红壤发育与第四纪地质的关系有重要意义,从而受到国内外同行的重视。另外,运用红壤渗透水组成,游离铁含量等作为红壤化过程指标,并进而对红壤的定量分类提出具体区分标准和新的途径,为在红壤研究中采用诊断系统分类打下了基础。

从"土壤圈"到"红壤圈"

　　土壤圈是覆盖于地球表面和浅水域底部的土壤所构成的一种连续体或覆盖层,它犹如地球的膜,在一定程度上类似生物体的生物膜。土壤圈是地圈系统的重要组成部分,其位置处于地圈系统——即气圈、水圈、生物圈与岩石圈的交接界面,既是这些圈层的支撑者,又是它们长期共同作用的产物。早在 1938 年,马特森(S. Matson)根据物质循环的观点,提出土壤是岩石圈、水圈、生物圈及气圈相互作用的产物,并对土壤圈(Pedosphere)的涵义作了概括[①]。

　　20 世纪 60 年代以前,人们更多地关注岩石圈、生物圈、水圈、大气圈对

―――――――――――

① Amold R. W.:"全球土壤变化"。《土壤学进展》,1991 年,第 19 卷,第 5 期,第 16-23 页。

土壤圈的影响,而土壤圈对自然界其他圈层的影响以及相互影响则很少注意。20世纪60年代以后,全球性的工业化和农业现代化给人类进步带来了很大好处,但同时也带来了众所周知的生态、环境问题;世界人口增长对食物需求的日益增加,给全球带来了巨大的压力;在世界范围内,正在出现一些大区域的生态环境变化,如气候变化、土壤变化、生物种群变化等。地球上的这些变化与物质循环密切相关,而土壤圈却是全球循环中物质迁移转化的重要环节。不仅如此,由于土壤圈所处的特殊地位,它成为地球系统中生物与非生物发生强烈交互作用的基地。

随着现代地球科学、特别是环境科学的发展,土壤学的研究内容与范围正在发生重大变化,土壤不仅是一种物质或一种独立的自然历史体,而且是地球系统中具有特殊结构与功能的圈层,从圈层的观点出发,土壤学不仅仅是局限于研究土壤物质的本身,而且朝着研究土壤与地球圈层的关系及人类生存环境的"土壤圈"方向转变,成为土壤学发展的新动向,将对人类生存环境及全球变化的研究有着深刻的影响。

赵其国认为学术研究是一个长远的过程,除了要有认真细致的科学精神外,还要具有一定的战略眼光。1987年,中科院调整办院方针,南京土壤所为适应改革开放的新形势,强调开放式研究的改革主基调,筹划成立开放实验室。要成立开放实验室,没有理论基础不行,赵其国在前人的研究基础上适时提出重新科学阐述土壤圈层理论,为开放实验室的成立奠定了理论基础。1987年3月19日,中科院资环局邀请有关土壤专家参加,在南京主持召开"土壤圈物质循环开放研究实验室"论证会,8月20日,批准成立"土壤圈物质循环开放研究实验室"[1],任命赵其国为实验室主任。1991年,他在《土壤》上发表"土壤圈物质循环研究与土壤学的发展"一文,论述土壤圈的功能与定位、土壤圈物质循环的内涵,认为土壤圈物质循环是土壤学的主要研究内容[2]。土壤圈贮存了丰富的记录过去地球表面变化的信息,提取这些信息,研究现在进行的土壤物质循环与全球环境变化的关系,有助于对未来

---

① 中国科学院[87]科发计字1035号文件,现藏于南京土壤所档案室。
② 赵其国:"土壤圈物质循环研究与土壤学的发展"。《土壤》,1991年,第23卷,第1期,第1-3页。

全球物质循环的规律和全球变化的趋向做出科学的预测,因而土壤圈物质循环研究成了土壤学发展的前沿领域并受到许多相邻学科的注意。

把土壤学由侧重研究土壤本身改向研究土壤圈及其与地球各圈层的关系方向发展,从地圈系统的发展看,土壤圈总方向是研究土壤圈物质的组成、性质和物质与能量的循环及其对人类生存环境的影响,也就是说,把土壤这个历史自然体与地球系统其他各圈层紧密联系起来,研究它们的相互关系,从而为改善人类生存环境做出贡献。"这一进展具有重要意义,是把土壤学理论提高到了土壤圈学的高度,是宏观研究理论的一次突破,新的理论得到了国内外土壤学理论家的高度重视[1]。"南京土壤研究所因此顺利建立了"土壤圈物质循环开放研究实验室",并创办了 *Pedosphere*(《土壤圈》,英文版)期刊。

随着人类活动范围的扩展及科学发展,土壤学已由原来研究土壤本身向研究土壤圈及其与地球各圈层的关系方向发展。因此,未来的发展趋势应该是土壤圈的研究方向与内容将与土壤学完全趋于一致。从未来地圈系统的发展看,土壤圈研究的总方向是研究土壤圈物质的组成、性质和物质与能量的循环及其对人类生存环境的影响。此外,由于土壤圈内的各种土壤类型、特征与性质,是过去和现在大气、水、生物及岩石圈相互作用的记录,也是物质与能量交换的反映,因此,土壤圈的内在功能和在地球系统中的地位及其对人类与环境的影响将成为主要研究内容。

1997 年,赵其国在《地学前缘》上发表"土壤圈在全球变化中的意义与研究内容",全面阐述土壤圈在全球土壤变化中的研究内容,包括土壤圈与地圈各圈层的物质循环、水土资源的时空变化、土壤肥力变化与农业持续发展以及区域治理与环境建设等,认为这些内容都是全球土壤变化,尤其是中国全球变化的主题[2]。

同时,赵其国指出,红壤圈是土壤圈的热带亚热带地区的组成部分,占土壤圈面积的 45.2%,因此,红壤圈在地球系统中的地位与功能是与土壤圈

---

① 周健民主编:《中国科学院南京土壤研究所发展历程》。2003 年,第 18 页。

② 赵其国:《土壤圈在全球变化中的意义与研究内容》。《地学前缘》,1997 年,第 4 卷,第 1 期,第 153 – 162 页。

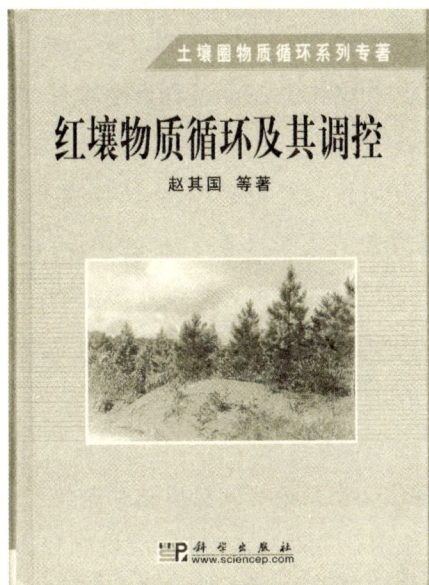

图 8-4 《红壤物质循环及其调控》

在其中的功能与地位相一致的,只不过红壤圈受地球系统的影响更具有热带亚热带区域圈层影响的特点。基于此,赵其国将红壤圈在地球系统中的地位及功能与土壤圈统一看待[1]。认为由于土壤(红壤)圈所处的特殊地位,作为地球系统中生物与非生物发生强烈交互作用的基地,土壤圈(红壤圈)内的各种土壤类型、特征与性质,都是过去和现在大气、岩石、水及生物圈相互作用的记录与反映,对研究土壤(红壤)圈在自然与人为作用影响下的变化与发展具有重要意义。

红壤是土壤圈的重要组成部分,并具有土壤圈的相同功能,从土壤圈(红壤圈)与其他圈层的关系来看,由于红壤地处热带亚热带,水热条件与生物生产潜力巨大,因此,红壤本身及其与水、岩、气、生圈层之间的物质循环及交换过程,较其他区域土壤更为强烈,并具有本身的特性和规律,而这种特性与规律正是红壤发生、形成及发展的基本核心与动力。

赵其国通过长期研究发现,我国红壤地区的物质循环在全球变化中表

---

① 赵其国等:《红壤物质循环及其调控》。科学出版社,2002 年,第 423 页。

现极为活跃,如在大面积硫化物沉降下,酸雨发生频繁,在森林演替与人为影响下,CO_2 及 CH_4 大量逸出,同时,在高强度人为耕作与工矿开采影响下,$NO3 - N$ 对地下水质产生影响,并出现各种重金属对水、土的严重污染。特别值得注意的是,我国红壤地区,由于人类长期对土地资源的不合理利用,使整个地区的生态与环境招致严重破坏,土壤质量的退化问题极其严重。水土流失不断加剧,土壤肥力不断减退,土壤酸化,污染加重。随着人口、资源、环境之间矛盾加剧,从全球看,世界热带亚热带地区,包括我国红壤地区在内,以生态环境与土壤退化恢复重建为主体的综合治理,已成为一项刻不容缓的全球战略性任务。

从 1990 年以来,赵其国组织人员从防治土壤退化、发展生产与环境保护的角度,开展了南方退化生态系统的恢复重建和退化土壤的定位试验,并对我国东部红壤地区土壤退化的时空演变、形成机制和调控对策进行了系统研究,取得了明显的进展,相继出版了《中国东部红壤地区土壤退化的时空变化、机理及调控》(2002 年)、《红壤物质循环及其调控》(2002 年)等专著和一批论文,系统总结了有关红壤物质循环研究的成果。

第九章
要永远"盯"下去

赵其国年幼时父母离异,由两位姑母抚养成人,小学期间虽有男孩子顽皮的天性,但因为姑母盯得紧,不敢过分;中学期间住校,就读的重庆广益中学校规很严,淘汰率高,老师又盯得紧,虽有些贪玩,亦未能过分;大学期间,已长大成人,因为中学基础好,学习并不紧张,且几乎三分之一以上的时间都在进行各类集体活动的组织协调,培养发挥了自身的特长,不需人盯也能顺利毕业;待进入南京土壤所,碰上马溶之、熊毅、李庆逵等一批严师,尤以李庆逵为突出,几乎贴身紧盯半个世纪,把他从一个土壤专业的门外汉一直盯到成为中国科学院的院士。难怪赵其国感慨自己是被人盯出来的,所以在培养学生的时候,也采取了盯的策略,并奉之为法宝。

"盯"出来的院士

1991 年,选聘学部委员的事情重新又提上议程。1980 年以后停掉没有增选,原因很多,包括标准问题、人选问题。后来周光召担任中国科学院院长,正好改革开放也 10 多年了,各方面条件也比较成熟,在科学院很多老学部委员的建议下,他代表中国科学院向国务院提出建议,经国务院批准后,1991 年中国科学院学部委员的增选工作重新开展起来。

1991 年以前中国科学院学部委员加起来就 350 多人,1980 年增选了 50 多个人,然后中间又停了 10 多年,到 1991 年决定增选的时候申报人数就比较多,积累了很长时间。当时就是几个学部,有物理学部、化学部、生物学部、地质科学部等。每一个学部当时规定只能选多少,面向全国,两年或是三年推荐一次,后来就固定变成了两年选一次,也就是从 1991 年开始,学部委员的增选有一个固定期限。

经过"文革"和改革开放之后的 10 多年,全国各个单位都有一些突出的人才,土壤所里当时就考虑,赵其国申报时不要和其他单位的同行撞车。李庆逵、熊毅都是在生物学部当选的,生物学部涵盖范围比较大,水、土、气、生方面的人都有,报的人比较多,名额又有限,如果报生物学部,专业上不占优势,而且生物学部和医学比较靠近,人肯定少不了。赵其国就和李庆逵、熊毅商量,是否可以向地学部推荐人选,因为土壤所既有生物学专家,也有地学专家,专业上十分契合。

环境、资源研究是地学的一个重要组成部分,赵其国的专业方向与此相同,但申报需要有其他学部委员推荐,最好是地学部的人来推荐。而土壤所当时没有人在地学部,几个老的学部委员都在生物学部,靠得近的只有隔壁地理所的周立三在地学部,他是地理专业的。此外,还有北京的吴传钧也在地学部,南京大学的任美锷也是地学部的,跟李庆逵关系比较好,早年还给赵其国上过地理课,其他地学部熟识的人就不多了。原来中央地质调查院,后来调到北京搞地质的几位老先生,跟土壤所还有些业务往来,可能还记得赵其国,其他的人根本就不大认识了。

当时土壤所准备推多几个人,李庆逵和熊毅一开始决定只是把赵其国作为首要人选往上推,后来李庆逵考虑到不能推选太多,就决定集中精力先推一个上去再说,最后定下来只推赵其国一个。因为推到地学部,要在地学部投票,生物学部的人就不管用了,李庆逵就亲自去地学部跟那些学部委员一个一个沟通。在他们那一辈人里面,周立三、任美锷这些老先生是起绝对作用的,老先生要是不赞成,嘴一张眼睛一鼓你就完了,根本没办法提你,老

图 9 - 1　赵其国与李庆逵在讨论工作(左为赵其国,1993 年
12 月)

一辈是绝对权威。一开始李庆逵把赵其国推荐到中国科学院的学部办公室,学部办公室征求地学部和生物学部的意见,好不容易协调下来,勉勉强强把赵其国作为候选人,暂时放在地学部。当时周立三不大同意,他说生物学部的人怎么挤到地学部来,这不行,还有些意见。李庆逵又去和任美锷解释,赵其国的申报材料还是比较过得硬的,对照当时中科院的增选标准是符合的。

到评选的时候,李庆逵把生物学部的人全部拉到地学部来,来讨论,来投票,周立三虽然有些不同意见,但也没有多谈,这样经过讨论,地学部就把赵其国推上去了。当时地学部推选的人有广州地化所的傅家谟、中科院副院长孙鸿烈等人,加上赵其国,1991 年地学部一起增选 35 个人,是比较多。以后每一届两年就不到 10 个人,因为后来规定地学部只有 10 个名额。35人当中,像赵其国这样又是所长又做科研的有 5 个人,其中业绩比较突出的还是广州地化所的傅家谟。

赵其国是土壤学专业第一个参加地学部增选的学部委员,1995 年改称院士。当选院士以后,赵其国承担的事情更多了。

第一个工作就是进行资源调查,组织中国科学院的有关单位包括地理所、环境资源所、土地资源研究所、生物地理研究所等单位的院士,通过地学部牵头,进行整个南方资源考察和研究,并制定远景规划。当时有近 20 个人从南京出发到南方的五六个省,从广东、广西一直到香港,对各省资源进行系列调查,回来以后写报告,像这样咨询工作的调研赵其国就做了好多次。

第二个工作就是进行环境调查,主要针对东南沿海的经济高度发达地区,包括长江三角洲、珠江三角洲、闽江三角洲整个的环境资源的考察,这个地区水的问题、土地问题、生物的问题、大气的问题、食物的问题、社会的问题,存在哪些环境问题,包括水污染和生物污染。南方在经济高速发展过程中,没有很好地解决三废和其他污染排放问题,导致工业的问题、农业的问题、环境的问题,还有施肥和农药导致的水污染、大气的污染,这些都要调查。这样的调查基本上 10 年就要组织 1 次,2011～2012 年又组织第二次环境调查,通过对 10 年前后的对比向国务院提交了一个报告,国务院对这个报告非常重视,当时国务院总理温家宝和副总理李克强均有批示。

第三个工作就是制定国家发展路线图,即从现在开始到 2050 年,国家整个的社会经济发展的农业动态发展计划,也称路线图。就是原来五年计划,十年规划,现在这个路线图包括未来 30 年多年,我国资源方面的变化和在资源影响下的环境变化,主要阐述农业生产的阶段性变化,以及在这个过程当中有哪几个关键性的技术措施问题要解决。把农业的问题提升到生态问题上来考虑,农业生产一定要有良好的生态环境,农业生产一定不要破坏良好的生态环境,这是核心内容。农业要靠自身来发展,要讲经济效益、生态效益,要做到科学上有道理,经济上有支撑,本身又要产业化。

第四个工作是制订我国的土壤保护战略,这是由国家环保总局组织的,召集土壤学界跟地学界 10 多名院士,固定的大概有五六位,赵其国负责定期召集开会,商讨如何把全国分成几个区,每个区如何实施。所谓土壤保护战略,就是通过合理的培育、合理的施肥、合理的耕作,在提升土壤地力的情况下又保持土壤利用的可持续性。这项工作前后推动了三四年的时间,最后形成一份 30 万字的咨询报告。另外,赵其国还参加了全国第三次水土保持调查,因为我国每年大概有 50％的国土遭受水土流失问题。他主要负责南方 11 省水土保持调查工作,这个工作进行了 3 年。在福建长汀,赵其国专门在那里建了一个院士工作站,是全国第一个县级院士工作站,主要就做水土保持工作。

紧"盯"国际学术前沿

改革开放以后,土壤所的发展进入一个全新的时期,国际交流与合作得到恢复和加强。赵其国担任所长以后,力推科研人员走出去和请进来两条措施,紧盯国际学术前沿,使土壤所在土壤科学理论研究中不断取得新的重大进展。他有一个习惯,不管在国内还是国外,只要开学术会议,回来必定写一个会议综述在《土壤》杂志上刊载,将听到的、看到的国际土壤学研究的最新进展介绍给大家,让未参加会议者也能迅速了解到学科发展的最新情况。

图9-2　在澳大利亚访问时参观澳土壤所最新式的自动取样土钻(中为赵其国,1986年4月)

1979年10月,赵其国和文启孝在"文革"后首次出访罗马尼亚,虽然在大会上做了报告,但产生的影响并不大。1980年10月,南京土壤所举办"国际水稻土学术讨论会",有15个国家的外国学者53人参加会议;1983年11月,在土壤所举办"国际红壤学术讨论会",有9个国家24名外宾参加;1984年,赵其国被选为中国土壤学会理事长,接着进入国际土壤学会任常务理事;1985年带领中国土壤代表团参加在日本召开的国际土壤学大会,并在近

2 000 人的全会上做报告,影响很大;1986 年 9 月,土壤所举办"国际旱地土壤(热带、亚热带)管理与施肥会议",有 6 大洲 37 个国家和地区的 103 名外宾参加,是当时土壤所主持的参加国家最多、国外代表最多的一次国际会议。

其后,赵其国又连续在德国、法国、墨西哥,泰国作为中国代表团长及成员、参加了 4 次国际土壤学会,在此期间、结识与交往了不少国际土壤学会的负责人及知名专家,并邀请他们多次来南京土壤所共同参加国际土壤专题研究、培养人才。针对当时土壤所高级业务人才缺乏、年轻人多、经费困难的特点,赵其国报经中科院批准,通过请国外专家到土壤所及国内参加会议和参观考察,临走时请他们带土壤所的青年研究人员跟随其在国外的大学或研究机构工作或做研究。当时以这种方式,在十几年内、陆续送出国 80 余人。在此期间,赵其国与土壤所其他科研人员屡次当选国际土壤学会有关专业组的主席或副主席,加强了国际的学术交流与联系,使土壤所的科学研究人员始终关注国际学术前沿,始终活跃在国际学术前沿。

20 世纪 80 年代初,赵其国带领大家在全面系统研究中国红壤的形成及其退化机理与调控的基础上,指出中国红壤的形成是脱硅富铝化与生物富集过程两种相互作用的结果,而且在现有的生物气候条件下,红壤的脱硅富铝化与生物富集作用仍在不断进行中。同时,首先提出由玄武岩发育的红壤(亦称砖红壤)完成全部脱硅过程的绝对年龄为 1.5 MBP,大体上相当于晚期更新世地质时期。另外,在"我国东部红壤丘陵地区土壤退化的时空演变、退化机理及调控对策"研究中,赵其国研究并提出了不同类型区域防止及恢复重建退化土壤生态系统的调控体系。这些研究成果被国际土壤学会专业委员会负责人埃斯瓦兰(H. Eswaran,美)、布尔(S. W. Boul,美)、布列德(B. Breburda,西德)、叶抱(Hagaki,日本)等评价为"不仅在中国,而且在国际热带土壤研究上有重要指导意义"。

20 世纪 80 年代后期,从土壤学的发展方向看,赵其国预见到,随着土壤科学向系统化、综合化、工程化发展,其研究内容必然向土壤圈物质及能量循环的功能、机制及其对人类与环境影响的方向发展并不断深化。在这个理论指导下,赵其国及其同行进而提出了未来土壤圈学的具体研究内容。

他认为,今后土壤学研究的总趋向,将是土壤圈及其在地球各圈层的物质组成、性质与能量循环及其对人类生存和环境的影响。这一总趋向表明未来土壤学研究必须从土壤圈与地球各圈层的关系这一宏观角度出发;土壤圈的内涵、功能及其与其他圈层的物质、能量交换,特别是圈层界面的物质交换,是今后土壤学的重要研究内容;土壤学研究将朝"全球变化"方向推进,这将导致理论上和解决人类生存与环境问题的实践上出现突破性进展。在这个理论指导下,赵其国领导建立了世界上第一个"土壤圈物质循环开放研究实验室",设置的研究课题向全国甚至世界开放,前来参加研究的除了本所和国内的科技人员外,还有德国、法国、加拿大等国的科技人员,他们总体素质较高,思想较新颖,促进了学科间的交流与相互渗透,也容易促进新的学术思想的产生。

1996 年,赵其国针对长江三角洲地区农业集约化、工业化和城市化快速发展对水土资源与农业生产的影响问题,率先组织中国科学院院士及专家,带队在长江三角洲地区进行实地调研,形成了"长江三角洲地区水土资源与农业环境可持续发展"方面的多份咨询报告,为长江三角洲及全国农业安全生产和持续发展提供了战略性指导思想和研究策略。2001 年,他受中国科学院院士局和国家发改委委托,先后 3 次组织"中国沿海快速发展地区水土资源综合管理与农业可持续发展"、"经济快速发展地区生态环境质量现状与对策"、"东南沿海经济发达地区可持续发展的问题和对策"等重大科学考察与咨询活动,并组织召开了"中国沿海地区水土资源与农业可持续发展"国际研讨会和"经济快速发展地区可持续发展问题与对策"香山科学会议。

"清洁生产"这一术语最早是由联合国环境规划署在 1989 年针对工业污染防治概念和实践方式的转变而提出的。我国的清洁生产范围主要是工业领域,对农产品的清洁生产重视的程度并未像工业生产那样。江苏是我国的经济大省,也是一个农业大省,主要农产品产量均位居全国前列。改革开放以来,江苏经济发展快速,环境压力日益加大,农业可持续发展面临严峻形势。在此情况下,2001 年,赵其国率先向江苏省政府提出"开展农产品清洁生产创新研究"的建议,得到了省领导的高度重视并立项。2002 年,江苏省组织有关科研单位和相关职能部门,由赵其国牵头对农产品清洁生产开展攻关研究,在无公害农产品产地建设及产品认证、无公害农产品标准和生产技术规程的编制和审定、农产品检验检测体系的建立,以及相关政策法规的和完善等方面都取得了较大的进展,到 2005 年取得初步成果,出版了《江苏省农产品清洁生产创新研究与实施》(2005 年)。在此基础上,2008 年 6 月,江苏省有关部门又组织并完成了历时 3 年的“江苏省现代农业发展研究”的任务,得到省领导部门的好评。赵其国作为项目领导小组顾问,多次解决课题研究中的关键问题,为江苏省农业可持续发展及粮食安全,农产品清洁生产等研究项目的顺利开展,提供了理论与实践依据。

未来农业是一个具有无限发展空间和潜力的行业,然而发展机遇与巨大挑战始终并存。到 2050 年,中国农业将同全球农业一起逐渐步入一个农业发展新时代,而农业能否满足人类社会和经济发展的需求,科技进步将起到至关重要的作用。为了有效促进中国农业的发展,有必要制定农业科技领域发展路线图。2007 年 10 月,赵其国和黄季焜领衔,按照中国科学院路线图研究的总体部署,成立了由来自中科院相关研究所近 20 位专家组成的农业领域战略研究组,承担“中国至 2050 年农业科技发展路线图”研究[①]。研究工作涉及植物、动物、资源、安全、现代农业、制度政策等诸多领域,研究工作艰巨而复杂。提出了发展我国“生态高值农业”的理念及其技术体系,同时构建了我国“生态高值农业”的产业化体系,指出中国农业科技的发展目标是:到 2050 年,通过重点农业科技领域的重大创新突破,可为不断满足日益增长的农产品总量、质量、安全和多功能的需求以及改善农业生产结构、生态环境和农业资源永续利用等生态高值农业体系提供科技支撑。

成为资深院士之后,许多事情赵其国不再亲自参与,但这并不影响他时刻关注国内外土壤学科的发展和变化。“我最近主要考虑土壤学这个学科发展当中一些深层次的问题,如怎么在时间、空间上做一个发展路线的顶层

---

① 中国科学院农业领域战略研究组:《中国至 2050 年农业科技发展路线图》。科学出版社,2009 年,第 1 页。

设计,从时间上提出土壤学发展的路线图,从 2020 年到 2050 年土壤学科怎么进入到世界水平。"①

"盯"住人才培养不放松

20 世纪 50 年代到"文革"前,土壤所的科研力量得到快速发展。在老一辈土壤学家马溶之、熊毅、李庆逵等的悉心培养下,新一代的学科带头人迅速成长起来,全所从建所初期的 52 人发展到"文革"前的近 500 人。"文革"中,科研工作遭到很大的破坏,科研人员也流失严重。1983 年,赵其国担任土壤所所长的时候,正是全国性的科技人才青黄不接的年代,土壤所也不例外。因此,他上任以后第一件事情就是狠抓人才建设,尽快建设一支业务水平较高的人才队伍。

人才培养不是一朝一夕的事情,当时首要的工作就是先解决好现有人员的合理配置和分工。新进来的年轻人,被分到各个研究室去工作,往往对原来的专业了解比较多,但对其他的专业方向了解不够,如搞物理的人主要是在土壤物理上下功夫,但对土壤学的其他方面则了解不够。为了能让大家集中在一起协同作战,赵其国提出以学术为主体,用学术思想凝聚人才。土壤所究竟是搞什么研究,未来向什么方向发展? 在讨论的基础上,赵其国提出土壤所就是要搞土壤圈层研究,提出"土壤圈"(pedosphere)的概念,水土气生、物理化学都要围绕这个中心来做。

通过研究土壤圈理论学,把土壤所的各类人才都引导到在这个发展思路上,最终促成开放实验室的成立,成为大家争取项目、经费,开展研究的重要平台。同时,通过设定每个实验室的研究方向,包括理论上怎么做,实践上主要有哪些任务,把地理的、化学的、农化的、肥料等等方面,以及土壤所外的人才都吸引到土壤圈层研究这条路上来,集中到这个开放实验室中来,

---

① 赵其国访谈录音资料整理(九)。

形成有机整合的一支人才队伍。可以说,人才培养的关键就是把人心凝聚起来,对人才资源进行合理配置。当时,赵其国聘请熊毅担任土壤所顾问和名誉所长,李庆逵相当于名誉副所长,由他们负责检查学风,要求土壤所科研人员必须规规矩矩做学问,从而使大家逐步在学术思想上统一起来。

土壤学的开放实验室有了以后,水土气生都跟土壤学有关系,水方面的、土方面的、气象方面的、生物方面的,都跟土壤挂到边。水土气生这些方面都能争取到项目,从而扩大了研究领域,拓宽了项目申请渠道,从而使中国科学院南京土壤研究所可以立于不败之地。在文化大革命以后,改革开放十几年前,土壤学在学术圈站不住,当时有人提出来,土壤所土里土气的玩泥巴这些东西能搞出什么成果? 建议把土壤所都改成城市规划所、土地利用设计院或者土地管理学院,反正不能叫土壤所。后来赵其国就说,谁把土壤所的名字改了谁是败家子,最困难的时候土壤所的名字都没改过。现在大家回过头看,土壤问题越来越突出,土壤学成为科学研究的重要学科,凝聚了一大批科研人员。

图9-3　在美国伊利诺伊大学与张福山、沈思葹合影(中为赵其国,1992年11月)

为了解决学术人员的成长问题,赵其国根据土壤所的情况,组织制定了人才培养计划和人才工作规划,把所里现有人员一个个排队,所有人的履历都在所领导会议上跟党委一起研究。当时土壤所学术人员将近200人,其中研究实习员 80 多人,助理研究员有 60 多人,副研究员 20 多人,研究员 6 人,成宝塔状。想了很多办法,跟大家讨论了很多次,花了很多时间考虑,赵其国提出一个"三三制"的人才培养方案。赵其国提出将土壤所的学术人员挑出一部分,当时在整个所里挑了 83 人,主要是年轻人,中年人只有一小部分,因为以后发展主要靠年轻人。赵其国准备把这 80 多个人安排好,一个个送到国外去学习。这其中能回来三分之一就是成功。

当时是改革开放初期,出国谈何容易,不要说各种审查,光在国外的生活费和出国旅费就是一大笔开支,经费没着落,很多科研人员根本不了解国外同行的研究情况。而搞土壤、地学和环境研究有它的特殊性,就是要多看,要实地考察。如何把年轻人送到国外去学习深造,赵其国费了不少脑筋,想了很多办法,提出国家不给钱也要送他们出去学习的口号。

因为中国的土壤地理环境是世界各国最特殊的,世界各国有的土壤,我国都有,其他国家没有的土壤我国也有,土壤种类很全。美国和苏联幅员辽阔,但前苏联主要在温带、寒温带,热带、亚热带没有;美国虽然是从温带过来,但热带和亚热带也没有。中国从过渡带的寒温带,到亚热带一直到热带典型的像西双版纳、雷州半岛,中国都有。而且中国北方的黄土能做窑洞钻进去住人,世界上没有哪个国家有这样的条件来研究黄土层。中国还有红壤,第三纪、第四纪的时候就发育成红壤,红黄蓝白黑的土壤都有,所以外国

图 9-4　指导研究生分析土壤标本(左 2 为赵其国,1986 年 7 月)

人搞地质学、生物学和遗传学,选种、选材料都要到中国来看看。

中国的土壤资源是得天独厚的,赵其国做土壤考察工作东南西北都跑过,而且是这一代人当中参加国际土壤学会最活跃的。通过参加国际学术会议和考察活动,赵其国认识了不少国外的土壤学者。他把这些外国学者请来,跟他们交朋友,请他们来中国考察,参加学术会议,等他们回国去的时候,适当带一两个土壤所的年轻学者回去。"不谈做什么研究生,就是做徒弟,你做什么,他就跟着做,他就是学徒,带出去跟你工作,工资不用发,但你得提供他必要的生活费用。你到我这儿参观考察每年可以来多少次,来了之后也不要你交任何费用,我再困难也要抽一点钱安排好你的考察活动,但是你回国的时候得带一两个中国的徒弟回去。"①

当时中国科学院是周光召分管出国的工作,赵其国跟他汇报土壤所的具体做法和想法,争取他的支持。因为土壤学要发展,土壤所要发展,发展要靠人才,培养人才需要钱,要钱科学院又不给,赵其国就跟周光召要政策,告诉他这样的培养方式不花土壤所一分钱。周光召很支持,说这个办法不错,可以照这样做,并且要求赵其国做出个样子来。80多个人就是通过这样的方式一个一个带出去的,在赵其国做所长的十几年中,每年都会有一些人出国学习。开始所里就做了计划,名单都排好了,先带哪一个后带哪一个都是安排好的,带出去是经过班子研究的。主要的派出国家还是美国、澳大利亚以及欧洲的德国、法国和英国这些比较先进的国家。

后来大约有 20 多人按期回来,成为所里的业务骨干。三分之一在国外的人能够能回来就够了,另外有三分之一的人学有所成留在了国外不回来,但与所里还有联系,也是一种学术资源,当然还有三分之一的人学业没什么进展也在国外晃荡,但不是主流。20 世纪 80 年代初,曹志洪、陈怀满首先去菲律宾国际水稻所攻读硕士学位并学成回国,后来因为工作出色,分别担任了土壤所的所长和室主任;蔡贵信在澳大利亚获得博士学位回国,成为土壤所博士生导师,至今仍活跃在科研一线;文革后成长起来的新一代的科技人员如张桃林和史学正在德国取得博士学位,张佳宝从菲律宾国际水稻所取

---

① 赵其国访谈录音资料整理(七)。

得博士学位,杨林章在日本取得博士学位,周健民在加拿大取得博士学位,李德成在法国取得博士学位,骆永明在英国取得博士学位,他们都回到土壤所,成为科研骨干力量。现在土壤所开会,圆桌会议上的各研究室和课题主要负责人都是 40 多岁,快接近 50 岁的人,当时送出去才 20 多岁,现在都是各领域独当一面的领军人才。

图 9-3　在日本东京参观 EM 中心时与施卫明合影(中为赵其国,1993 年 12 月)

培养人才,赵其国有 3 个要求:一是要严,就是严加管理;二是要学,刻苦学习;三是要定,在一个单位长期干,这样才能有成就,最好像他这样一干就是 60 年。其次,是要讲纪律,在实验室要按化验规矩做,亲自洗瓶罐、亲自做试验,绝不能马虎。再次,学生、师兄弟之间要团结友爱、相互交流与帮助。当然,对年轻科技人员,在研究工作中也应有奖有罚,总的是要鼓励他们对学习有信心,并能充分发挥其聪明才智搞好科研。所有这些均是保证搞好研究所科研工作与创新发展的关键。

此外,必须重视人才的"德才兼备"问题。赵其国工作 60 年来,共有 80 多位学生,他们今天大都已进步成长,有的是部省级领导,有的是国内国际知名的专家教授,均在不同岗位上为国内、国际科研与教育事业发展做出了贡献。但另有些学生在国内外工作起色不大,有的已无法联系或存在困难与转向不明,究其原因,除与其所处的环境条件有关外,主要是个人在"德才兼备"上发展不同的结果。一个人的"德才"要协调发展,不仅要在学生期间靠领导与师长帮助提高,更多的还在于自身靠毕生的自律与社会教育才能不断提高。

1982年的招的两个研究生,一个是张桃林,现在是农业部副部长;还有一个现在美国的大学任终身教授,正考虑通过国家的"千人计划"引回来工作。30多年,才培养了几个真正能起作用的,在赵其国的记忆中这两个人比较突出。他们是最早送出去培养的,一个到德国,另一个到美国。还有几个送出去的人,陆陆续续,现在还没完全回来的,现在所里主要负责人都是那时送出去学习的。赵其国觉得担任所长时做得最成功的事情,应该就是为土壤所培养储备了一批人才,为土壤所后来的发展打下了坚实的基础。

结　语

赵其国长期从事我国及世界土壤地理与资源的研究,特别是对热带土壤发生分类、资源评价等进行了系统、深入的研究。首次提出我国热带土壤具有古风化和现代红壤化两种对立过程,提出红壤分类新指标;首次系统总结我国红壤资源开发利用途径;提出以橡胶为主发展热带作物的土壤学依据,为我国红壤发生分类与资源评价提出了新途径。近年来,在热带土壤现代成土过程、相对与绝对年龄、南方与黄淮海平原土壤资源开发评价等研究中发挥了重要作用,做出了成绩,对学科发展与生产实践有新的推进,得到国内外同行的嘉奖和好评。

不怕苦,肯吃苦

赵其国一踏上工作岗位就参加了在华南寻找橡胶宜林地的这场战斗,并连续工作了 10 多年。当时,他们在李庆逵等一批老科学家的带领与指导下,深入到雷州半岛、海南岛、西双版纳等深山密林中开展工作。当时,这些地方是古木参天、藤萝蔓延、阴森潮湿、蛇兽出没且人迹罕至的热带雨林区,考察队晚上露宿在外有篝火的帐篷或草房里,白天背着背包,手提铁铲考察采土。吃的是干粮,喝的是溪水,即使在冬天,也常被蚊虫、蚂蟥咬得浑身红肿淌血。有时在原始密林中遇见野象群,看见大蟒和虎狼出没的足迹；有时遇到台风，帐篷、草屋全被刮走，只能钻进卡车过夜。生活与工作确实很艰苦，但是心里很充实，没有怨言，没有牢骚。当时赵其国在完成调查任务的同时，负责主持西双版纳橡胶、热作试验站的工作，观测区设在"龙山"（当地少数民族安葬死人的地方），开始一段时间没有固定的工作生活场所，就住在傣族的竹楼里，在极其艰苦的条件下工作了4年。

20世纪70年代初，周恩来总理曾亲自部署向"北大荒"要粮的战斗。当时组织了全国有关科技力量，在黑龙江省进行荒地资源考察，建立商品粮基地，力争向国家提供25亿公斤粮食。赵其国与中国科学院数百名科研人员共同努力，在近80万平方公里土地上，连续工作了8年。黑龙江省地域辽阔，荒原平坦，沼泽成片。在考察中，除徒步外，主要是乘坐"爬犁"（用拖拉机拖的木排），每日行程50～70公里，所到之处，人迹罕至，一次出发长达20余天，成天吃住在"爬犁"上，猎野兽、摘野菜充饥。东北出名的"三害"有虾蟆、蚊子和小咬，成天与考察队员形影不离，即使在白天，大家也要头戴"蚊帽"，顶着炎日进行调查。在这8年里，考察队经受了不少困难，有好多次在渺无人烟的沼泽荒原中，爬犁陷入淤泥中，考察队员只能步行数十里回到宿营地。记得有一次，考察队乘坐的两驾爬犁都陷入了沼泽，这时已是傍晚，大家只能摸黑穿行在沼泽地里，忍着饥渴和疲惫，步行到天明。有位年长的队员因体力不支，严重虚脱，大家十分着急，只能轮流架着他拖步向前。在黑河总结时，赵其国患了肾脏炎，左肾下垂3指，疼痛难忍，硬是坚持了半个月，完成总结后才去医院诊治。考察队员们正是凭着这种毅力和信念，克服一个又一个困难，取得一个又一个胜利。

爱学习，会学习

赵其国小时候因家庭破落，没有父母管教，因此比较调皮，但因为姑妈管得严，而且进的都是当时比较好的教会学校，除了各方面条件比较优越之外，管理严格是一大特色。因此，他在小学、中学的学习中，虽然历经战乱，经常转学，还是取得了比较好的成绩，顺利毕业。而且因为一直在教会学校读书，英语学得比较扎实，为今后的进一步深造打下坚实的基础。在中学期间养成的另一个重要的学习习惯就是记笔记,包括画图、制表等都做得比较漂亮,在后来从事野外考察时,野外考察笔记也做得非常完整、漂亮。

在武汉大学学习3年和华中农学院1年的大学生活中,虽然经常参加各种政治运动,但他也一直没有放松自己的学习,并且积极参与学生会的活动,承担活动的策划、组织和协调工作。大学毕业以后,他被分配到中国科学院南京土壤研究所工作,与他所学的农学专业并不对口。他没有气馁,没有抱怨,而是认真跟在李庆逵后面边干边学,白天工作,晚上学习,认真记录,只要回到有资料室的机构或图书馆,都要找材料恶补自己的专业知识,因而很快在同辈人中间脱颖而出,在华南考察的后半段就开始担任考察组的组长,已成为独当一面的领导者。

1965年去古巴工作,当地人讲西班牙语,只有少数科技人员能讲英语,还讲不好,沟通上有困难。赵其国下决心学习西班牙语,要不然工作没办法开展。他跟古巴学生约好,要求3个月内教会自己能够用西班牙语与他们交流、对话,3个月以后就不讲英语。学生积极性都很高,赵其国每天早晨4点钟起来,他们教他西班牙语,一直练到吃早饭的时候,每天早晨花两个小时到两个半小时。就这样,到古巴的第2个月,他就能开口讲西班牙语。渐渐地,在工作中他逐步掌握了西班牙语,甚至连西班牙语中的俗语、俚语乃至古巴民间的土话都能运用自如。到古巴后的第2年,赵其国就在哈瓦那大学担任教授,为学生开课。

不断的地学,不停地学习,不但向老师学,也向学生学。赵其国非常谦虚,他总是说自己只是在野外多跑了几年,了解的实际情况多一些,像现在很多现代研究技术和设备都不会用,要经常跟年轻人请教和学习,他说:"没有一个科学家可以纯粹依靠自己,可能爱因斯坦那样的人脑筋特别活,这么多年来,我还是在实践的过程当中,在实际的学习过程当中,慢慢地在提高。"①

承师恩,惠后人

赵其国对土壤所的前辈师长对他在科学研究和为人处事方面的教导十

---

① 赵其国访谈录音整理(九)。

分感激。马溶之、熊毅和李庆逵3人都曾担任过土壤所的所长、副所长,对赵其国来说,都有知遇之恩。尤其是李庆逵,从赵其国1953年7月进入土壤所工作以后,9月就带到华南参加橡胶宜林地及土壤综合考察,白天在野外工作,晚上为大家上土壤肥料课,有时还通过联合调查,请生态及地理专家教大家有关知识。回到所里以后,严格要求每个人亲自将所采标本进行化验,并对数据及报告加以修改,使赵其国等一班年轻人很快掌握了土壤学专业知识,成为科研的业务骨干。到赵其国担任所长时,又大力推荐他进入国际土壤学会,并带他多次出国参加国际学术会议。1985年,赵其国受邀在日本召开的国际土壤学会全会上做报告,报告的文稿也是李庆逵亲自修改定稿的。1991年,李庆逵又联合其他人一起推荐赵其国参选中科院地学部学部委员,并顺利通过评审。马溶之、熊毅和李庆逵顾全大局、秉公办事、爱护和关心青年人的做法,以及他们为土壤事业的奉献精神,为后人树立了学习的榜样。

赵其国特别重视研究生教育,为此倾注了大量心血,即使在科研、学术交流、社会活动十分繁忙的情况下,从来没有中断、放松研究生的培养工作。他培养研究生,一是注重研究生创新能力和科研素养的培养。他以自己的学术敏锐性引导学生掌握国际国内最新的学术动态、最前沿的学术问题、国内最迫切的研究课题,鼓励并启发学生培养创新思维,锻炼他们的野外调查能力、实验分析能力、信息集成能力、研究过程和结果的概括能力等,特别是对博士生学位论文从选题、开题、实验技术路线、数据分析,到论文撰写、答辩的全过程都要亲自过问,帮助解决难题,严格把关。二是注重引导学生养成自觉的学术规范,要求他们做学问必须求真务实,树立科学精神。以言传身教,亲历亲为的风格,严格要求研究生按照学术规范从事学术研究和交流,养成严谨、良好的学术操守和习惯;三是教育引导学生形成正确的人生信念,立志成材。他强调要培养德才兼备的人才,非常重视研究生思想品德教育,经常以自己亲身经历教育研究生树立崇高的理想和社会责任感。

人的一生是短暂的,但如何使这短暂的一生放射出久远的光辉,赵其国认为这是可以由自己来安排的,作为一个中国人、一名中国的知识分子,因为自己的努力为社会所接受,为祖国的繁荣昌盛添了砖、加了瓦而感到由衷地自豪和欣慰。虽然出身在一个富裕家庭,但因家道败落,父母离异,赵其国从小由姑妈抚养成人,所以上大学以后一直要求上进,逐步成长为我国土壤学科的领军人才。他把这一切归结于党和国家对他的培养,认为自己在政治与业务上的成长是与党的教育培养分不开的。他说:"我上大学与参加工作的梦想和机会是党给我的,我政治觉悟及科研水平的提高是党教育培养我的,我工作的魄力与克服困难的勇气是党鼓励我的。每当我面对成就与奖励时,想起我是共产党员,我会谦虚谨慎,每当我面对工作失败与挫折时,想起我是党员,我会鼓足勇气加以克服。"[①]工作几十年来,随着国家社会形势的变化,赵其国在工作上曾遇到很多困难,无论在祖国高山、荒原、湿地和丛林中考察,还是在古巴攀登加勒比海 2 000 米的"马亚斯特拉"高山顶峰时,一想到党的教导,就会鼓足克服困难的勇气。1956 年,赵其国在南京土壤所光荣加入中国共产党,曾当选党的十三大、十四大、十五大代表,成为在党的领导和教育下成长起来的优秀知识分子的代表。

---

① 赵其国:"永远忠诚党的事业"。《科学时报》,2001 年 6 月 29 日,第一版。

附录一
赵其国年表

　　赵其国,1930年3月24日出生于武汉,曾祖父赵金元,祖父赵玉元,父亲原名赵齐林,后改为赵玉麟。曾祖父、祖父在武汉经营赵义记煤驳运输公司,家住在武汉后花楼街道,是江汉关旁边最热闹的地方。当时在后花楼,赵义记是比较大的公司,曾祖父和祖父经营得法,生意十分红火,但年龄不大相继去世。公司由父亲赵玉麟接手,后因经营不善而倒闭。

1930 年

3月24日,出生于湖北省武汉市。

1931 年

父母经常吵架,不大照顾,两位姑母悉心照料成长。

1932 年

过两周岁生日,家中设宴款待众多来宾。

1933 年

父亲逃债流落在外,家务由姑母主持,家里经济及家庭开始破败,生活开始拮据。

1934 年

2 月,入武汉汉口圣保罗幼稚园。

1935 年

在圣保罗幼稚园学习。

1936 年

9 月,入武汉汉口扶轮小学读书。

1937 年

6 月,汉口扶轮小学肄业。

8 月,日本入侵到武汉前夕,父亲托人带往重庆找姑母,从此一直在两位姑母的教养下成长,与姑母一家人等开始过着颠沛流离的生活。

9 月,随姑父、姑母一家人等由重庆转至四川宜宾,进入宜宾东城镇中心小学读书。

1938 年

在宜宾东城镇中心小学继续读书。

1939 年

正值抗战时期,为躲避日本经常轰炸,从 10 岁起就一直住校学习,逢月才回家一次,生活极其艰苦。

1940 年

宜宾县东城镇中心小学读书。

1941 年

宜宾县东城镇中心小学读书。

1942 年

2 月,宜宾县东城镇中心小学毕业。

6 月,进入四川宜宾县立第一中学读书。

1943 年

2 月,宜宾县立第一中学初中肄业。

6 月,随姑父、姑母一家人等由宜宾又转回重庆,转入四川重庆私立广益中学读书。平时住校,只有节假日才能回家。在这里从初中一年级直读到高中二年级上学期。

1944 年

重庆私立广益中学初中读书。

1945 年

2 月,从四川重庆私立广益中学初中毕业。

6 月,进入广益中学高中部学习。

1946 年

四川重庆私立广益中学高中继续学业。

1947 年

5 月,重庆私立广益中学高中肄业。

7 月,随姑父母家人等由重庆返回武汉,小姑母拿出私蓄金条若干,存于堂叔们所开船运公司,所得利息用作学费和生活费。并在堂叔们的帮助下,进入武汉汉口私立上智中学高中部继续学习。

1948 年

6 月,毕业于私立武汉汉口上智中学。武汉 5 月 16 日刚刚解放,形势还不很清楚,就在家自修,准备报考大学。

1949 年

9 月,在汉口参加高考,被武汉大学录取,进入武汉大学农艺系学习。

冬季,参加农村"减租减息"运动,在这次运动及总结中,生平第一次体验到农民生活的疾苦。

1950 年

春,被选进武汉大学学生会,担任武汉大学第二届学生会康乐部副部长、执委,负责全校的体育工作。同时,兼任农学院体育干事。

7 月 1 日,在武汉大学农学院,经罗芰农介绍,加入新民主主义青年团。

1951 年

4 月,担任武汉大学团委宣传员。

春,担任武汉大学第四届学生会体育部部长,常委,负责全校的体育工作。同时,兼任农学院康乐干事。

6 月,加入中苏友好协会,成为会员。

1952 年

9 月,由于武汉大学院系调整,在武汉大学农艺系肄业。

10 月,进入华中农学院农学系继续学习,担任该系第一届学生会主席,团支部委员,兼团支部书记。正式向农学院党组织提出入党申请。

1953 年

8 月,从华中农学院农学系第一届毕业后,分配到中国科学院土壤研究所工作,任研究实习员。

9 月,与何全海、邹国础等参加广东省雷州半岛生物资源调查。

12 月,参加土壤所第一次组织的威廉斯土壤学学习。

1954 年

3～10 月,参加广东海南岛及雷州半岛橡胶宜林地调查。

12 月,参加土壤所组织的俄文突击学习。

1955 年

2～10 月,在粤西及广东东南部调查。

1956 年

晋升为助理研究员。

3～6 月,在粤西六县进行深入调查。

7～10 月,与苏联专家格拉西莫夫、科夫达等在海南岛考察。

1957 年

5 月,云南金沙江河谷考察,同行者有张俊民、邹国础、韦启璠和龚子同。

6～10 月,在云南昆洛公路与李庆逵、黄瑞采、任美鄂等考察景观及生物资源。

1958 年

10 月,参加中国科学院云南热带生物资源综合考察队,为期 3 个月,担任综考队副队长,开展云南西双版纳地区橡胶等热作发展及宜林气候条件的普查。

1959 年

5 月,在中科院南京土壤所加入中国共产党。

2～10 月,参加并领导了云南及江苏部分地区进行的全国第一次土壤普查。

11 月,在北京外语学院学习俄文。

1960 年

2～10 月,参加苏联生物地理群落专家组考察,并在考察基础上、在西双版纳地区开展热作长期定位观测研究。

6 月,受到中国科学院云南综合考察队"红旗手"表彰。

1961 年

5 月,再次受到中国科学院云南综合考察队"红旗手"表彰。

1962 年

2～10 月,进行热作定位观测任务的同时,组织国际边境地带热带原始林调查。

1963 年

担任土壤所云南红壤定位点课题组长。

1964 年

2 月,随马溶之首次赴古巴考察,与古巴科学院商谈援古计划并短期考察。另外还有陈家坊,鲁如坤 2 人同行。

1965 年

2 月,随李庆逵等第二次来到古巴,正式按双方协议开展工作。开始由李担任专家组组长,主要是帮助他们建立古巴科学院土壤研究所,并在此基础上开展工作,培养研究人才。同时,对古巴土壤状况进行全面考察。

1966 年

5 月,李庆逵回国后,接替他担任古巴考察组组长。

协助古巴政府组建土壤研究所,先期与古巴科技人员共同组建古巴土壤所 5 个实验室,其中,与刘兴文一起,负责建设土壤资源及调查室。土壤化学实验室由朱兆良和赵家华负责,土壤物理实验室由程云生负责,土壤微生物实验室由沈峻负责,温室由罗志超负责。各组除在室内工作外,还需进行野外调查和采集标本。

1967 年

4 月,因故短期回国,接受文化革命考察,经审查、中国科学院同意后,再次返回古巴完成余下的任务。

6 月,第 3 次回到古巴,继续工作。

1968 年

继续考察古巴中部及高山区,平均海拔 2 600 米。

年底,开始进行全面总结,按计划完成"古巴 1∶25 万土壤图"及《古巴土壤》(西班牙文)。

1969 年

1 月,由古巴回国。

2～10 月,在江苏省水科院及江苏响水县参加"文化大革命""斗批改"运动。

1970 年

1 月,全家下放到江苏省泗阳县王集公社,同时下放到王集公社的,还有土壤所的朱兆良、刘芷宇、何同康及黄雪芳 4 家。

2～12 月,全家五口,包括妻子刘畹兰,两小孩和岳父,一起挤住在泗阳县王集公社南园大队打谷场的牛草棚中,夫妻二人全天参加队里的农业生产劳动。

1971 年

1 月,参加王集公社"一打三反"学习运动,任宣传队委员。

2～12 月,在公社各个大队轮流参与并领导开展"一打三反"学习运动,经常数日不归。

抽时参加新建草房的劳动,在政府帮助大队支持下,经过半年,在队里盖了两间屋的草房,全家终于搬进了新居。

1972 年

2～12 月,继续参加宣传队的活动及公社组织的各种会议,学习与讨论,回家时即参加劳动,经常与所里一起下放的同志们交往。

1973 年

4 月,由王集公社调回到土壤所,全家在下放 3 年 3 个月后又回到南京。

5 月,为响应周总理"向北大荒要粮"的号召,根据中国科学院及土壤所的决定,担任土壤所黑龙江荒地考察队队长,组织近 20 人队伍到哈尔滨,参加科学院与黑龙江省的综合考察队,并担任分队队长,开始进行黑龙江省荒地资源考察。整个考察队共有 300 多人。

5～10 月,在大兴安岭及嫩江地区进行考察。

1974 年

6～10 月,在黑河地区进行全区荒地资源考察。

1975 年

6～10 月,继续在黑河地区进行全区荒地资源考察,并进行黑河地区总结。

1976 年

6～10 月,在大小兴安岭及佳木斯地区进行全区荒地资源考察。

1977 年

6～10 月,在黑龙江东部的牡丹江地区进行全区荒地资源考察,并开始进行几年来考察资料的汇总。

3 月 18 日,《新华日报》刊登"向荒地进军的先锋战士—记全国科学大会代表、南京土壤研究所赵其国同志"的文章。

3 月 18～31 日,和李庆逵在北京一同参加全国科学大会。在大会上获得中国科学院对"黑龙江大兴安岭黑河地区土壤资源评价"颁发的重大成果奖状。

4 月 2 日,与其他参加科学大会的代表在北京人民大会堂受到华国锋等中央领导的接见。

5 月 10～15 日,参加江苏省科学大会,在会上,黑龙江荒地考察队获得全省先进集体奖。

5 月 15 日,被江苏省任命为土壤所副研究员。

5 月 14～24 日,参加在江苏南京市江宁县召开的中国土壤学会理事会暨土壤分类学术交流会,与龚子同、曾昭顺、林培和以及王人潮等,共同起草了《中国土壤分类暂行草案》,把发生分类和我国土壤实际结合起来,充实了水稻土分类,明确了潮土、灌淤土和娄土等为独立土类,结束了长达 20 年的"耕作土壤"和"自然土壤"之争。

6 月 20 日,经江苏省科委批准,担任中国科学院南京土壤研究所土壤地理研究室副主任,兼土壤资源及红壤发生分类与区划课题组长。

6～9 月,在黑龙江东部的绥化及嫩江地区补充进行全区荒地资源考察。

8 月 23 日,由哈尔滨返回南京土壤所准备参加到墨西哥的出国考试,后因故未能成行。

1 月,被评为中国科学院南京土壤研究所先进工作者,同时,黑龙江荒地考察队被评为先进集体。

5 月,第 7 年到黑龙江,完成"黑龙江省荒地资源考察"报告并进行全面总结。

8 月 23 日～9 月 14 日,与文启孝一起赴罗马尼亚,参加第十次国际土壤学会学术研讨会，这是文革之后第一次出国，颇为感慨。

9月，《黑龙江省土壤资源》一书获江苏省革委会授予三等奖奖励。

11月，经中国科学院批准［(79)科发人字1657号文］，开始领取每月30元科研津贴。

12月10～24日，参与接待来我国访问的南斯拉夫马其顿科学院副院长格·菲利波夫斯基(Georgi Filipovski)院士和波黑科学院秘书长米·契里奇(Milivoze Ciric)院士。事后，整理了他们此间在中国科学院南京土壤所、林业土壤研究所和北京市土壤学会等单位作了关于南斯拉夫土壤分类、分布及森林土壤研究的报告。

1980年

2月25日～3月5日，在江西参加红壤会议，一起与会的还有李庆逵、石华、何电源和谢建昌。会议期间，确定参加"南方十二省土壤区划"并编写出土壤区划报告，于11月底完成报告，并向国家农委和科委汇报。

3月20日～6月25日，主持国家重点农业区划试点县之一的"广东省博罗县农业自然资源调查和农业区划的研究"，与广东省土壤所一起，在广东博罗县进行全县土壤资源及土壤区划调查，并协助开展土壤普查。

9月25日，在完成总结报告基础上，赴哈尔滨向黑龙江省汇报近8年来的考察总成果，受到省领导的嘉奖与表彰。

11月16日～25日，邀请并接待美国康乃尔大学万倍克教授(A. Van. Wambeke)来中国科学院南京土壤研究所访问。万倍克是国际知名的土壤地理学家，是制订"美国土壤系统分类"的主要负责人之一，来华期间主要介绍"美国土壤系统分类"的原则与研究近况，对我国土壤分类系统的研究起到一定促进作用。

1981年

2月23～27日，与朱显谟一起应邀参加联合国环境署(UNEP)与联合国粮农组织(FAO)在罗马召开的"世界土壤政策"专家会议。

6月3日～7月8日，随李庆逵在云南、广西、雷州、海南、广州等地考察，石华、龚子同一起参加。

7月14～15日,接待美国农业部自然资源评价及土壤保持局副局长麦克拉克教授(R. J. Mccracken)为团长的美国专家一行6人来中科院土壤所参观访问。15日,麦克拉克在所里做了有关美国土壤分类情况的学术报告。

8月17日,经中国科学院批准,担任南京土壤所所长助理,负责所里的学术活动及图书资料方面的管理。

10月14～28日,与李庆逵一起赴日本筑波,参加"国际不良土壤改良利用"会议,共有来自12个国家的近200名代表参加。其中,14—18日,应日本土壤科学会邀请,到北海道、札幌考察,并在北海道农业试验站作学术报告。27日,在东京大学农学院作学术报告。

11月11日～12月7日,在贵阳参加"南方十一省土壤区划会议",会议期间讨论了"土壤区划"第三稿,决定在1982年春节后集中2周进行最后的定稿,作为最终成果。

1982 年

5月,在山东青岛中国科学院的一个疗养所疗养,期间完成"热带土壤发生与分类研究进展"一文文献综述。

6～10月,带领中国科学院南京土壤所资源考察队与江西红壤所合作,对红壤集中分布的江西开展近80个县的土壤调查,采集186个剖面752个样品进行了2万多项目次的理化分析。

1983 年

9月6日,担任中国科学院南京土壤研究所所长(中国科学院[83]科发党字320号)。任期3年,石华任书记。

9月16日,晋升为研究员。

11月14～19日,由土壤所组织的"国际红壤会议",在南京饭店召开,有8个国家的15位外宾参加。作为组织委员会主席,主持会议并在大会上做了"我国红壤发生分类"的学术报告。会后组织与会人员去中国南方考察。

11月27日～12月3日,在西安参加全国第五届土壤学会,被选为第五届土壤学会常务理事,李庆逵任理事长。

12月5～19日,在西安参加"全国百万分之一土壤图"编委会,由中科院院部主持,共有70人参加,土壤所是负责单位之一。

12月25日,主持土壤所"庆祝建所30周年纪念会"。

1984 年

2月7日,获"竺可桢野外科学考察奖"。

2月11日,参加"黄淮海工作会议"。

8月10日,担任中国科学院第二届学位委员会委员(中国科学院[84]科发教字0850号)。

9月16日～10月6日,应英国皇家学会邀请,对英国洛桑试验站、乃特康比试验室、麦加里土壤研究所、阿拜丁大学和里丁大学土壤系等单位进行访问考察,主要了解英国土壤排水采集器(lysimetcr)的装置应用、土壤学研究的新技术和新进展。回来后,在江西省鹰潭市刘家站的红壤站安装了红壤排水采集器并开展研究。

10月7日～11月4日,应联邦德国马普学会邀请,在西德进行土壤科学考察。期间,先后参观14个土壤和植物营养研究所,访问接触了20多位著名教授,其中有:J. Breburda, K. Mengel, U. Schwertman, H. Zakosek, E. Muckenhausen, H. Hartgc, H. Kuntze, B. Meyer 及 B. Ulrich 等。并与马普学会及洪堡基金会负责人交谈,作了学术报告,参加各种座谈会。

1985 年

4月7日,到河南新乡参加中科院召开的"黄淮海攻关战略工作会议",黄淮海攻关战略工作即将在全院展开,土壤所部署在封丘站。

9月9日,担任新成立的中国科学院南京土壤研究所学位评定委员会副主席(中国科学院[85]科发位字012号)。

9月15日,任《土壤》杂志主编。

11月24日,与石华、王明珠等人在鹰潭刘家站与江西省国土局、鹰潭市、刘家站等政府和部门,签订江西省红壤站100公顷面积土地的使用合同书,至此,江西红壤站即将正式开建。

1986 年

2 月,被国家人事部批准为"国家有突出贡献中青年专家"。

3 月 10 日,担任中国土地资源学会常务理事。

4 月 14 日～5 月 5 日,应澳大利亚联邦科学与工业研究组织的邀请,先后访问澳土壤研究所、森林研究所、灌溉研究所和土地资源研究所等 12 个单位,并在相关城市远郊进行野外调查,与澳方同行就土壤研究项目、学术进展和科技人员互访等问题进行了广泛的交流。

5 月 15 日,担任中国科学院农研委主任。

8 月 21～27 日,第一次作为中国土壤学会代表团团长,出席在德国汉堡举办的第 13 届国际土壤学会,并当选为国际土壤学会盐渍土分委会主席。这是第一次出席国际土壤学会,在会上做了"中国盐渍土"的报告,共有来自 82 个国家的 1 500 名代表参加,我国共有 45 人参加会议。会后到丹麦及瑞典南部进行访问和土壤考察。

11 月 26 日,担任中国科学院南京土壤研究所所长(中国科学院[86]科发干字 1288 号)。是连任第二届土壤所所长,石华任书记,马毅杰、刘才勇任副所长。从这一届所领导班子开始,全面试行所长负责制,制定了所长任期目标和考核指标。至此,研究所的领导体系基本确立,领导班子的更迭已形成制度,以后各届都能顺利地进行考核和换届。

1987 年

7 月 20 日～8 月 6 日,到日本参加第 9 次国际火山灰分类工作讨论会及日本昭和 26 年全国土壤学会,在会上针对火山灰土壤的分类问题,提供墙报、宣读论文和参加野外考察,这次会议共有来自 16 个国家的 57 名代表参加。

8 月 20 日,中科院南京土壤所"土壤圈物质循环开放研究实验室"正式成立,兼任新成立的实验室首任主任。

11 月,参加在南昌召开的"土壤圈物质循环开放研究实验室"首届一次学术委员会会议,提出实验室工作 3 年设想,确定以热带和亚热带地区土壤物质循环为研究重点。

10 月 23 日～11 月 24 日,作为正式代表、参加了中国共产党第十三次代表大会。

11 月 5～11 日,参加在江西南昌参加全国第六届土壤学会,被选为中国土壤学会理事长,任期至 1995 年结束。

1988 年

4 月 24 日,当选为江苏省劳动模范。

3～5 月,中科院南京土壤所开始启动由科学院李振声副院长领导的"黄淮海农业开发治理"工作,负责在河南片区,以土壤所封丘站为基地,开展包括新乡市等地区的考察、研发工作,土壤所有关室组 2 年内、先后共有 100 多人参加。为提高工作效率,两年中,几乎每年有半年在封丘站现场办公。此项任务、最终取得了显著成绩、得到国家特等奖。

6 月 13～29 日,应邀出访南斯拉夫、西德、比利时、法国 4 国。

9 月 22 日～11 月 1 日,近 40 天里,应邀到美国阿拉斯加、林肯州、马里兰、新英格兰、华盛顿、北卡州等地和加拿大西部,参加灰化土国际会议并考察灰化土带,参加国际烟草会议、考察美国烟草生产基地等活动。

1989 年

2 月,在南京召开"土壤圈物质循环开放研究实验室"一届二次学术委员会,会议提出了创办英文版土壤学刊物的建议,并定名为 *Pedosphere*。该刊物于 1990 年 5 月获国家科委和新闻出版总署批准出版。目前它是国内唯一的土壤学正式出版英文刊物,已被 SCI 收录(影响因子 1.2)。

8 月 29 日～9 月 6 日,应以色列国际农业研究合作中心主任亚龙(B. Yaron)教授的邀请,访问以色列农业科学院土壤和水分研究所,参观耶路撒冷大学农学院、海法科技大学等单位并做了两次学术报告,先后会见了以色列 20 多位土壤学家。

2 月 18 日～3 月 5 日,随孙鸿烈副院长一行考察了中科院土壤所江西鹰潭站及地理所的千烟州站,并提出有关红壤研究开发的进一步方案。

8 月 19 日~9 月 8 日,共 21 天,应邀出访芬兰、丹麦、以色列 3 国。

10 月 17 日~10 月 31 日,共 15 天,应邀在拉斯维加斯,参加美国土壤学年会,并在美国德克萨斯 A & B 农业学院访问,由维尔丁博士(Dr. Wilding)负责接待。

1990 年

1 月 10~15 日,应邀与鲁如坤赴法国对法国磷肥开发公司进行访问与考察,共考察访问 5 个地区,商定了进一步的合作计划。

4 月 9~18 日,共 18 天,由日本东京大学松本聪主任接待,到学校城等地参观访问,并做报告,这是第三次到日本访问。

5 月,参加土壤所封丘站黄淮海农业开发工作总结,评审与验收。

6 月 18 日,由中国科学院任命,担任中科院农业研究委员会主任。

8 月 6~20 日,第二次作为代表团团长,带领中国土壤学会代表团,赴日本京都参加第 14 届国际土壤学大会,在全会 1 700 人参加会议上,代表中国做了"中国农业发展前景"的报告,这是中国代表在国际土壤学会全会上做报告的第二位(第一位是 25 年前、李庆逵的报告),引起大会热烈呼应。在此会议上,当选为国际盐渍土分委会主席、国际土壤学会东亚及东南亚土壤协会副主席、国际土壤环境委员会第一副主席,并被授予国际道库恰耶夫奖章和证书,会后参观了广岛。

12 月 4~7 日,在南京主持召开"亚太地区国际红壤会",外宾 15 人,中国代表 60 人。

1991 年

5 月 19 日,接中科院南京分院批转中科院 4 月 28 日所领导班子批文,继续担任所第三届(1991~1994 年)所长,曹志洪、马毅杰任副所长,杨宛章为书记。

7 月,参加由国际科联(ICSU)主持,在奥地利首都维也纳召开的"21 世纪环境与发展议程"国际会议,并参加了该会背景报告之一的"农业土地利用与退化"的编写工作。

8月18~21日,赴意大利西西里岛参加由"世界实验室"召开的"全球危机"学术讨论会,中国共有12人参加。

9月8~14日,赴香港参加"中国红壤问题"讨论会。

9月25~29日,赴日本学校城参加国际"盐渍化及酸化问题"讨论会。

10月16~26日,在湖南长沙参加中国土壤学会全国第七次代表大会,再次当选为土壤学会理事长,任期至1995年。

11月,当选为中国科学院地学部学部委员。

11月23~28日,在奥地利开会,后转道法国回国。

1992 年

1月20日,主持土壤所为李庆逵工作60周年及80岁生日召开的纪念会。

2月11~26日,应邀与俞仁培、祝寿泉等到泰国曼谷参加国际盐渍土会议。

4月20~25日,第一次到北京参加中国科学院第六次学部大会,这是"文化大革命"后开始学部委员增选的首次会议,受到国家领导人接见。

6月22日~7月8日,参加地学部组织的三峡考察。

9月14~19日,在土壤所主持召开"国际水稻土会议",外宾15人,中国70人,共有100人与会。

9月27日~10月11日,应邀先到匈牙利布达佩斯参加"国际土壤修复与土地持续利用"会议,并商讨盐土协作问题。后到英国参观洛桑试验站,由站长陪同参观两天。接着在英国希尼市参加"国际数据库会议",对相关问题进行讨论。

10月12~19日,作为正式代表参加中国共产党第十四次代表大会。连续第二次参加党的代表大会,深感荣幸与责任重大。

11月5~27日,共21天,应邀连续在以下地区参加会议及考察:(1)到日本东京学校城"资环所"与所长米拉米接触交往,并到"日本肥料中心"进行访问。(2)到墨西哥城阿可波罗市,参加国际土壤学会常务理事会及墨西哥土壤学会。(3)到美国洛杉矶、旧金山、盐湖城、芝加哥以及伊利诺伊大学、加州伯克利大学土壤系看望慰问土壤所出国学生并进行访问考察。(4)到荷兰阿姆斯特丹参加信息遥感会议,后经巴黎、香港回国。

12 月 18~31 日,应台湾土壤肥料学会的邀请,对台湾省进行为期 14 天的访问。期间,访问台湾大学农化系、中兴大学土壤系、台湾农业试验所、台南农业改良分场等 11 个单位,先后做了 5 次学术报告,受到台湾土壤及农学界同仁的欢迎,并给予高度评价。

1993 年

2 月 23 日~3 月 18 日,应邀与鲁如坤到法国巴黎等地参加"法国国际磷肥资源开发公司"会议,并在多地考察基础上,讨论与我国合作开发磷肥资源协议。

5 月 3~5 日,在江苏南京召开土壤圈开放实验室学术大会,参会外宾 10 人,会后陪同与会人员去江西刘家站红壤站参观考察。

5 月 31 日~6 月 5 日,到北京参加科学院农业研究委员会会议。

7 月 12 日~8 月 5 日,共 23 天,参加国际北极圈考察队,参加会议并进行实地考察。有平建陆、王浩清一起参加。由美国阿拉斯加到加拿大英格—彭南,穿过北极圈(北纬 66 度 33 分)到伊咯维克市开会,然后再进行路线考察,采集了土壤标本,拍摄了照片,发表了论文,利用这一难得的机会,取得了较好的效果。

9 月 22~29 日,应邀到印度南部班格拉尔市参加"印度国际红壤会",并做报告。在会上,得到印土壤学会主席授予的"印度土壤学会荣誉会员"证书。

10 月 10~21 日,由韩国土壤学会主席陪同,应邀在韩国访问,共做了 6 个报告。

10 月 22~28 日,应邀与孙鸿烈等参加印度国科联"世界人口"会议。

12 月 18 日,主持召开中科院南京土壤所庆祝 40 周年纪念会,到会人数达 400 人,气氛十分热烈。

12 月 19~29 日,应邀与杨劲松到日本热海参加"日本自然法"会议,了解日本关于"EM肥"的情况与问题。会后,到东京大学与松本聪讨论盐土合作问题。

12月,担任 *PEDOSPHERE*(《土壤圈》英文季刊)主编,至1996年。

1月25~29日,与曹志洪、杨宛璋到北京参加中科院工作会议。期间,与国家科委韩启德主任谈土壤所的任务与工作计划。

3月29日~4月7日,应香港中文大学邹桂昌教授邀请,在该校资环院用英文讲"中国红壤"课程,共10天,效果良好。

5月21~30日,应邀赴美国参加科罗拉多大学柯拉教授主持召开的"全球碳变化"会议。

6月2~10日,参加第一次两院院士大会,工程院士只有100人,其中30%是从科学院士中推出的。从这次会议开始,国家决定每两年推选院士一次。

6月25日,参加江苏省庆祝建党73周年纪念会。

7月11~18日,作为中国土壤学会代表团团长,出席在墨西哥阿克波尔举办的第15届国际土壤学会。会上,当选国际土壤学会盐渍土委员会主席。会议共有来自75个国家和地区的1 500多人参加,中国代表团有27人与会,其中,87岁的侯光炯是会议中最年长的土壤学者。

9月30日~10月5日,应西班牙土壤学会主席邀请,赴西班牙瓦伦西亚讲学5天。

10月6~10日,应邀到韩国汉城参加"国际与亚太地区自然农法"常委会,担任第六届常务委员。

11月2~5日,在北京参加国际盐土会议。

12月5~12日,与赵世洞、胡鞍刚到华盛顿,参加中、印、美三国"人口—土地计划"会议谈判。

12月24日,国家自然科学基金委到土壤所讨论并通过"土壤科学战略研究报告"。

12月29日,参加席承藩先生80寿诞。

1995 年

1 月 6～12 日，应邀到印度德里参加印度科学院成立 60 周年庆祝活动，并做学术报告。

2 月 21～25 日，应邀到日本筑波市（学校城），参加日本农环所组织的"土地利用"会议，讨论沙漠治理项目的终结，到会的中国专家有 5 人，朱祯达、郑度也参加。

3 月 19～30 日，应邀到英国北爱尔兰女皇大学农环系参观访问，顺便看望土壤所在该校就读的骆永明，后在新城堡大学农环系及杜宏罗地理系访问，顺便联系土壤所在英国就读的其他学生。

6 月 16～26 日，应邀先到巴黎参加国际"EM"会议，然后到英国伦敦牛津大学参加国际土壤学会常委会。会议结束后，转道香港中文大学讲学两天后回国。

7 月 24～30 日，到成都参加国家自然科学基金委评审会，回所后即组织申请"红壤退化研究"项目，向基金委申请到项目经费人民币 130 万元。这是担任所长期间组织全所申请到的最大项目，项目成果后来获得国家级奖励。

9 月 11～14 日，应邀与龚子同到马来西亚吉龙坡市，参加马来西亚组织召开的国际地区土壤学会。

9 月 15～21 日，在南京主持召开了"土壤温室主体效应"会议，有外宾 50 人参加，开得很成功。会后组织与会者到西安、成都等地进行土壤综合考察。

10 月 30 日，因任期届满，不再担任行政职务，由曹志洪接任所长。

11 月 1～8 日，在杭州参加全国第八届土壤学会，按会章不再担任理事长，由曹志洪接任理事长。

12 月 8～23 日，组织院士 8 人，包括孙鸿烈、陈述彭、刘东生、吴传均、周立三、朱祖牟、李博，加上院士局及国家科委等部门 5 人，从江西南昌开始，经 11 个县市，翻过南岭到韶关，在广东 5 个市区，对我国南方红壤进行了一次全面考察。

1 月 3～11 日,应邀到莫斯科参加国际土壤学会常务理事会,共有中外专家 20 人与会。

1 月 25 日～2 月 6 日,应邀与赵世洞等参加在印度德里召开的"中、美、印"三国土地资源会议。

1 月 28 日,当选为国际土壤学会土壤及环境委员会副主席。

5 月 15 日,担任"土壤圈物质循环开放研究实验室"学术委员会主任。

4 月 10～16 日,到法国牧别努尔市,参加国际土壤学会第 16 届大会,担任国际山地研究中心理事。

5 月 15 日,赴北京参加中科院第八届院士大会,并作"红壤与持续发展"的学术报告,当选为地学部常委。

6 月 26 日～7 月 5 日,应邀赴莫斯科圣彼得堡参加俄土壤学年会及道库夫 150 周年纪念会。

8 月 4～7 日,与董元华等到上海参加"南方农业问题"讨论会。

8 月 11～18 日,应日本"EM"(自然微生物学会)邀请,赴丹麦哥本哈根参加"国际有机农业运动"大会。

8 月 25 日～9 月 1 日,应布尔布达教授邀请,与龚子同赴德国波恩参加"国际土壤保持组织会",共有 100 个国家、800 人参加。

11 月 13～30 日,按中国科学院计划,负责长江三角洲农业考察,参加人员有两省一市农业专家 20 余人,工作开展很好。不幸的是朱祖祥院士遇难。

12 月 6～16 日,应邀赴泰国参加"EM"会议,会后到泰国北部进行考察,收获很大。

5 月 6～9 日,主持在南京召开的国际土壤—环境会议,参加人员 40 人。

8 月 12～20 日,当选党的第 15 次代表大会代表。

8 月 21～29 日,应邀到开罗参加"国际盐土"会议。

10 月 25～30 日,经中国科学院决定,作为尼泊尔"国际山地研究中心"的代表担任中国科学院的常务理事,赴加德满都第一次参加该中心的年度理事会。会后到巴基斯坦基干地区考察。

8月24～30日,赴日本学校城参加"农业持续发展"会议。

1998 年

5月,召开会议并积极开展所承担的、国家重点基金"我国东部红壤地区土壤退化的时空变化、机理及调控对策研究"任务。

6月20～29日,应邀到德国慕尼黑参加国际山地研究中心(ICIMOD)讨论会,会后到瑞士境内考察,由日内瓦回国。

8月20～26日,作为中国代表团团长参加在法国蒙特利尔举办的第16届国际土壤学会。担任本届会议土壤与环境委员会的第一副主席,提交了题为"中国环境问题及整治"的论文。共有来自107个国家的代表2 779人与会,中国代表40余人。

9月21～28日,应邀赴香港参加城市大学"环境保护"会议。

9月30日,到武汉华中农业大学农学系召开学术委员会,担任学术委员会主任两届。

11月3～15日,到尼泊尔加德满都参加"ICIMOD"理事会。

1999 年

5月30日～6月5日,赴日领取日本第四届"日经亚洲奖",并受邀参加日本"日经社"在东京举办的国际报告会上做主题报告,题目为"Pedosphere, global changes and environmental quality of soils",参加会议人员约200人。

7月6～14日,到加德满都参加"ICIMOD"理事会,选举新任理事长。

8月21～29日,受邀参加 ICIMOD 在尼帕尔加德满都举办的国际 RS 及 GIS 学术会议,会上做主题报告,题目为"Application of the '3S' Technologies in Sustainable Agricultural Development and Land Use Planning in Mountainous Regions",共有27个国家的代表约200人参加会议。

11月15～17日,在杭州浙江农业大学环境学院讲学,被聘为兼职教授。

11月24日,受邀参加在香港浸会大学举办的"GEOTROP 99"国际学术会议,在会上做主题报告,题目为"The environmental problems of China",共有 18 个国家、约 150 人与会。

2000 年

3 月 21～28 日,应邀到德国汉堡科尔大学访问,并与洪教授商谈有关协助问题,顺便了解张斌学习情况。

4 月 30 日,参加国家自然科学基金委对土壤所土壤圈开放实验室各项指标进行评议,今后将作为中国科学院的创新开放实验室。

2001 年

受邀担任南京大学、福建师范大学、福建农林大学兼职教授。

11 月 1～15 日,到尼泊尔加德满都参加"ICIMOD"最后一次理事会,5 年任期已经届满。会后与国内外专家到不丹考察,到达海拔 4 600 米处,与孙院士搭帐篷合住了一晚,并受到国王接待。

2002 年

5 月 5～15 日,带领江苏省科协有关领导,赴美国从东到西进行了 10 多个城市的访问考察。之前虽多次到美国,但很少机会像这样考察过,也是学习的一次机会。

7 月,出版《红壤物质循环与调控》,是近 20 年红壤物质循环与资源利用的系统理论与实践的全面总结,对红壤的基础研究与实际应用有重要指导意义,得到中外专家学者们的好评。

8 月 14～21 日,参加在泰国曼谷举办的第 17 届国际土壤学大会。会议有来自 96 个国家和地区的 1 880 人,中国出席 72 人。这次回国后,仍主持编写了大会汇总报告。

9 月,按照中科院咨询任务要求,带领院士 7 人和其他人员共 20 人赴东南沿海等地,进行"东南沿海环境发展状况"综合考察,最后形报告直接呈送有关国家领导人,得到国家领导的批示,效果很好。

11 月,赴香港中文大学作学术报告。

2003 年

2 月 15 日,参加南京市委及市政府组织到高淳县、溧水县参观考察活动。

3 月 8～16 日,赴香港参加香港浸会大学自然资源管理研究所召开的"湿地资源保护"会议。

6 月 25 日,全国第 13 个土地日,在江苏省国土厅作"从全国资源看江苏土地资源利用与管理"的报告。

8 月 31 日～9 月 1 日,在北京参加中国科学院地学部常委会,通过长三角、珠三角环境问题咨询准备。

9 月 5～6 日,在江苏省南京市浦口区、六合区进行沿江开发考察。

9 月 23～25 日,参加江西红壤国际会议。

11 月 8 日,参加中德合作中心在中国科学院土壤研究所成立仪式,并作报告。

12 月 18～19 日,参加中国科学院南京土壤研究所建所 50 周年纪念会,并作学术报告。

2004 年

2 月 7 日,在江苏省宿迁市作"现代农业与农业安全"报告。

3 月 24～25 日,在海南省海口市参加环境评价会,在会上作"东南环境污染与治理"报告。

4 月 22 日,在江西农业大学作"我国农业长远规划与建设"报告,并受聘担任该校兼职教授。

6 月 13～17 日,在哈尔滨参加中组部组织的"东北院士行"活动,接受黑龙江省、市农科院和哈尔滨市政府 3 份聘书,并分别作"东北土壤与农业资源"和"黑龙江农业开发的方向与潜力"的报告。

7 月 7 日,在浙江大学主持该校"污染环境修复与生态健康"教育部重点实验室评审,并作"我国农业规划方向的总体思路"报告。

7 月 27 日,赴沈阳参加全国第十届土壤学会,并作"我国土壤学的发展方向"的大会报告。

10 月 28 日,在江西南昌参加青年论坛,作"江西农业可持续发展"报告,并接受江西省"生态经济学会顾问"聘书。

11 月 10 日,参加在江苏南京举办的国际土壤污染与修复会议,并作"我国东南部土壤污染与修复"的报告。

11 月 17～18 日,参加在香港浸会大学举办的国际会议,作"香港土壤资源与环境问题"的报告。

11 月 23 日,参加由闵乃本、朱兆良等 13 位中国科学院院士和 20 多位专家组成的中科院院士咨询调研组,并任组长,以"江海联动,促进长三角北翼经济发展"为主题,赴江苏南通进行实地考察。

2005 年

1 月 10 日,参加"香港土壤及其环境研究"评审,王颖主持,邹桂昌参加。

1 月 21～22 日,在陕西西安参加西北水保所开放实验室评审,作"土壤学发展趋势及生态环境规划"报告。

2 月 4 日,收到黄铭洪发来聘书,担任 HONORARY RESEARCH FELLOW OF CROUCHER INSTITUTE FOR ENVIRONMENTAL SCIENCES,任期 1 年。

3 月 17 日,在南京信息工程大学作学术报告,题目是"东南沿海地区环境污染问题",校长孙照渤教授授予该校兼职教授聘书。

3 月 26～28 日,参加中科院长沙农业现代化研究所开放实验室评审,并作"土壤学发展趋向"及"东南环境质量"报告并授"亚热带农业生态系统研究实验室"副主任聘书,任期 3 年。

3 月 30 日,得到 2004 年国家科技进步二等奖(排第二名)获奖证书,编号是(2004 - j - 201 - 2 - 06 - R02)。

4 月 6 日,参加广东省生态环境与土壤研究所环境科学公共实验室论证,受聘为实验室学术委员会委员,并作"东南环境质量"的报告。

4 月 10～11 日,参加在长沙举办的"湿地生态"国际研讨会,作"中国湿地生态功能与调控"报告。

4月18日,参加骆永明"土壤生物环境与农业安全"团队论证会。

4月30日上午,参加南京市第41期市民论坛会。

5月9～10日,参加江西省在南昌召开的"国际可持续发展"会议,并作"生态、环境与食品安全"报告。期间,在江西农业大学作"农业生态与食品安全"的报告。

5月20～21日,受聘为西北农林科技大学特聘教授,作"土壤资源现状、问题与发展"报告,并参加该校创新团队评审。

5月22日,参加"中国水土保持与生态环境安全考察"南方组首次讨论,会议由张斌主持。

5月30日,为南京市几所中学的学生讲课,题目是"土壤是万物之本,生命之源"。王颖院士也参加了这次活动。

6月1～2日,在北京参加全国"水土保持与生态安全"考察会。

6月29日,参加广东省生态环境与土壤研究所环境科学公共实验室第一次学术委员会会议,接受聘书,任期3年,并作"生态建设与食品安全"报告。

7月3日,参加北京全国水土流失与生态安全启动会,担任南方考察队队长。从1～9月间,共联系参加与推动南方8个省的水土流失及生态安全启动会并参与重点考察与考察。

8月1日,参加在江苏吴江市由南京农业大学举办的"农药微生物降解技术"研讨会,作"环境污染及其调控"报告。

9月8日,与江苏省科协有关人员一起,向黄莉新副省长汇报江苏省农业清洁生产工作。

10月17～19日,参加在哈尔滨召开的"黑土地区农业发展"论证会,并做"东北黑土粮食基地发展"的建议。

10月31日,参加中科院南京土壤所举办的"中—欧土壤学术交流会",并作报告"土壤圈的概念及其应用"(英文)。

11月23日,和江苏省国土资源厅、江苏省科协、南京大学的专家组成的调研组,赴江苏宜兴就"土地(耕地)资源利用与保护及其对现代农业发展支撑能力研究"等课题进行调研。

2006 年

1 月 18 日,受聘担任中科院南京地理所第七届学术委员会委员。

2 月 20 日,受聘担任设在南京师范大学的"江苏省资源环境与生态实验室"学术委员会委员。

2 月 23 日,赴武汉参加长江水利委员会水土保持报告会,并作报告"南方水土流失值得注意的问题"。

2 月 25 日,赴北京参加全国水土保持中期总结会议,并作"南方水土流失值得注意的问题"报告。

4 月 21～28 日,参加孙鸿烈等组织的福建、江西水土保持考察。

5 月 28 日,参加陈竺、李振声等视察封丘站的活动。

6 月 8～9 日,到浙江汇报水土保持报告,题目是"浙江省生态环境建设与水土流失问题"。

7 月 5 日,与江西鹰潭市胡、李市长等 15 人在中科院南京土壤所签订"鹰潭站红壤开发研究"的合作协议。

7 月 6 日,在美国费城召开的第 18 届国际土壤学会,因妻子刘畹兰病重未去。后来组织有关人员将这次会议的有关材料,包括 *The Future of Soil Science* 等译为中文,并及时在《土壤》杂志上发表。

8 月 1 日,妻子因患癌症,在反复住院 8 个月后,于清晨去世,悲痛不已。

8 月 20 日,骆永明送来由国家环保总局颁发的"环保科学技术奖"(2005 年,三等,第三完成人)证书,获奖项目是"香港土壤及其环境研究"。

9 月 1 日,与李如海、周生路去溧水县考察一天。

9 月 4 日,给中科院土壤所研究生新生上课。

9 月 25 日,参加浙江大学环境资源学院朱祖祥诞生 90 周年纪念会,并作"我国土壤污染及治理"报告。

10 月 27 日,在江西井冈山国家干部培训学院访问,做"生态环境与新农村建设"的报告,并受聘该院兼职教授。

11 月 2 日,在南昌参加国际湖泊会议,做"我国东南湖泊与鄱阳湖生态环境"的报告。

11 月 6～12 日,参加江苏省第十一次党代会。

11 月 14～21 日,赴云南丽江、大理考察 6 天,后在昆明参加土壤生物会议,做了两个报告,一是"土壤生物发展近况",二是"第 18 届国际土壤学会概况"。

12 月 14 日,参加在江苏省昆山市召开,由江苏省农学会主办的新农村建设研讨会,在会上做"新农村建设中的生态与环境问题"。

12 月 22 日,在中科院南京分院向青年科技人员讲"有关科技贡献工作体会"。

2007 年

1 月 27～28 日,赴北京参加农业部会议,在会上做"我国耕地资源及其利用"的报告,后到中国农科院土肥所参观。

2 月 1 日,参加江苏省环保局座谈会,讨论土壤质量普查问题。

3 月 16～18 日,在北京参加中国农科院土肥所 1：50 000 土壤图研究会。

3 月 30～31 日,在安徽滁州市某空军学院做"关于环境问题"的学术报告。

4 月 30 日,参加江苏省农科院成立华东农业科研中心启动仪式。

6 月 6～7 日,参加江苏省党代会,选举参加党的十七大的代表,胡锦涛参加。

6 月 15 日,参加江苏省环保局关于江苏省环境战略规划中"土壤保护"的分工任务会议。

6 月 16～19 日,受黑龙江省人事厅邀请到该省农科院土肥所参加黑土项目考察与咨询,并接受黑龙江省人事厅聘书。

6 月 23 日,到北京参加中科院"18 亿亩耕地"方案讨论会议。

7 月 18～19 日,参加无锡市湿地生态会议(林业部门召集),讨论太湖污染治理问题,做"太湖污染防治"报告。

8 月 10～22 日,参加兰州土壤环境会议并做报告,会后参观了中科院寒旱所,并做报告。16 日参加郑州土壤学会理事会,17～22 日参加北京水土保持总结会,后考察甘肃定西(梯田)、内蒙鄂尔多斯(拦泥坝)、陕西榆林(拦泥坝,砂土)等地。

8月27日~9月3日,与孙鸿烈院士等,参加"黄河下游滩区安全与建设"咨询考察。

10月27日,上午在南京大学做"环境与食品安全"报告,下午赴盐城市作"滨海盐土改良"报告。

11月10日在南京市"市民学堂"做"土壤环境与食物安全"报告。

11月12~16日,参加江苏省科协组织的"现代农业江苏省7县18点考察"活动,共有14人参加。

2008 年

1月25日,受聘为水利部水土保持生态工程技术研究中心专家、名誉顾问。

3月20日,参加在中国科学院南京地理与湖泊研究所举行的"地理环境变化研究"学术研讨会暨施雅风院士"九十华诞"座谈会。

3月30日~4月1日,赴江西省井冈山党校、井冈山大学分别做"环境保护与经济及健康",并接受井冈山大学聘书。

5月7日,赴陕西杨凌,在西北农林科技大学参加水国际学术会议,8日下午做"我国水资源"英文报告,10日下午在西北农林科技大学做"我国生态环境保护问题"报告,11日上午向土壤学会青年会做"土壤保护战略"报告,11日下午在水保所做"土壤认识提升与发展趋向"报告。

5月10日,被中科院研究生院授予"中科院研究生院杰出贡献教师"荣誉称号,并颁发证书。

8月3日,主持在江苏南京举办的全国土壤标准化会议。

9月24~28日,在北京参加全国土壤学会,并在会上做报告。

10月8日,参加江苏省发改委沿海开发纲要会,受聘为专家组组长。

10月21日,去江苏省苏州市苏州工业园参加东南大学"环境与生物安全开发实验室"项目论证会,并接受聘书,担任实验室主任。

10月27日~11月1日,随院士工作组共10人赴江苏苏北沿海的南通、盐城、连云港等市考察。

11月18日,参加纪念马溶之诞辰100周年纪念大会并发言,孙鸿烈参加。

2009 年

1月7日,上午参加南京市科协常务会,讨论2009年工作。下午到江苏省政府向黄莉新副省长汇报省农业现代化成果,省有关农业部门的领导均参加,黄莉新评价很高。

3月28~30日,赴北京参加农业路线图总结会。

4月18日,参加扬州市科技交流协议大会一天,并与杨振宁及其夫人合影。

6月27日,参加盐城师范学院在南京召开的江苏沿海开发论坛会,在会上做"江苏滩涂资源合理开发"的报告。

7月27~29日,到南昌参加省鄱阳湖高层论坛,做"鄱阳湖生态环境及低碳农业发展"报告,效果很好。

8月8日,在南通市参加温家宝总理召开的江苏沿海开发座谈会,在会上做了20分钟发言,先讲沿海滩涂应按"盐土农业"原则开发问题,后讲18亿亩耕地的扩量、提值与增效问题,温总理表示赞同。

11月26日,到无锡市科协作"低碳与生态高值农业"的报告,并受聘为"无锡市农业讲师团名誉团长"。

2010 年

2月27日,参加南京市组织的元宵节联谊会,共有32位院士与35位海归学者参加。

5月30日,参加在南京土壤所召开的"2020年农业路线图(第二轮)"第一次启动会,参加人员14人,时间半天,讨论各单位人员分工,圆满完成。

6月6~9日,与朱兆良到北京参加院士会,会议期间听了胡锦涛总书记及刘延东的两个报告,5位新院士的报告,讨论有关规划问题。

6月25日,参加中科院南京土壤所召开的熊毅诞辰100周年纪念会,在会上发言。

7月5日，到镇江市丹徒区上党镇东言村—沸石矿开采点考察并与丹徒区领导及有关专家们讨论沸石矿开采问题，董元华一起参加。此事由刘局长(原省安全局长，已退休)牵头。

7月17~24日，参加东南沿海环境污染考察一周。包括到厦门、上海、无锡、南京，一行共14人，其中院士4人，另外3人是黄荣辉、付家谟和陶澍。第二次将在11月上旬进行。

7月28日，赴北京参加张福锁的"973"项目评审，并接受"人民网"采访，谈"生态高值农业问题"，效果很好。

9月17~18日，到昆明参加国家自然科学基金委"广西联合基金项目"的申请答辩，结果顺利通过。期间会见了陈宜瑜，会后去看望了94岁高龄的吴征镒先生。

10月19日，在长沙参加第十一届全国微生物会，在会上做"微生物与土壤质量"的报告。

11月2~12日，共11天。其中，2~8日参加中科院咨询环境质量项目第二次考察，考察了深圳、东莞、广州和韶关4座城市。10~11日参加土壤学会理事会，做了"土壤学发展战略"报告，包括生态高值农业。

2011 年

1月5日，参加第四届南京院士咨询会，作为第三届主席在此次会议上作换届报告，转而担任顾问。第四届主席由陈达院士担任。

1月29日，向院报告了2010年的总结，并附加了路线图英文翻译本及生态高值农业的专辑。

3月6日，在南京农业大学参加刘兆普的"菊芋"推广开发研究项目评审会，这是在盐碱地区种植的，很有发展前景。

3月15~19日，赴广西南宁，参加国家重点基金任务启动会，黄国勤主持，共有近20人参加。在广西农科院及广西农学院作"生态高值农业"报告。期间，受到广西壮族自治区陈章良副主席接见。后参观中科院环江站(距环江县5公里)，布局很好，工作也有起色。

5月5～11日,赴辽宁沈阳市参加中组部组织的院士考察,6日在辽宁省环保厅做"土壤环境保护战略"报告,8日在大连市农委做"生态高值农业—谈大连农业"的报告。

5月19日,参加"中科院东台滩涂研究院"成立揭牌仪式,并担任研究院学术委员会主任。研究院共有15人组成,杨劲松任院长。

5月30日,被江苏省科技期刊编委会聘为该会名誉理事长。

7月1日,参加土壤所召开的党的90周年纪念大会,并在会上发言,题目是"我的六个三"。

9月7～9日,到内蒙锡林浩特市,参加国际亚洲和平组织等主持的"查干偌尔干湖治理项目暨科学评估"会议,并到110平方公里的查干偌尔干湖考察。

10月8日,在南京参加全国博士后工作会议,并在会议上做"我国土壤科学发展战略"报告。

10月23～24日,到苏州科技大学工业园,参加富硒实验室召开的国际富硒会议,共有100多外宾,中方有50多人。做题为"中国功能农业2020—2050年路线图发展报告"。

2012 年

3月6日,参加南京市人大召开的农业科技创新会,由许慧玲副主任召集,做了"南京市农业科技创新的思考与建议"的发言。

3月28日,与南京大学8位博士研究生讨论他们的博士论文,做了两个报告,共同讨论关于"农业路线图—生态高值农业"和"地理—环境研发工作"等问题。

4月17日,到中国科学广州地球化学研究所,参加由傅家谟院士主持的重金属污染总结会。

4月20日,参加李庆逵院士100周年诞辰纪念会。

5月1～6日,在福州参加福建农林大学兰校长等领导举行的聘任仪式,接受4份聘书,并参加水土保持座谈会,在林学院及资环学院作"南方水土保持","农业发展态势与生态高值农业"和"东南地区环境与重金属污染问题"

等报告。

5 月 9 日,参加水利部在江西兴国召开的全国水土保持工作会议。

6 月 10～15 日,到北京参加院士大会。

7 月 23～28 日,到哈尔滨参加"院士东北行"活动,首先参加黑龙江省与科学院签订合作协议。其次是参加报告会,座谈会及参观访问等。中国科学院张亚平副院长及专业局等近 10 人参加。

8 月 20～25 日,到成都市参加中国土壤学会第 12 届全国代表大会,有 1 700 人参加。在大会上第一个做学术报告,题目是"国际土壤学发展进展",林航生在分会上也做了报告,并与张桃林见面。

8 月 28～30 日,到江西刘家站红壤站,看建房情况。其后到鹰潭市参加"农作物重金属污染阈值研究"及"江西省红壤研究中心"两项目联会,并到贵溪铜矿"九牛镇"看周静等进行的铜矿污染土壤改良的试验,很是壮观,成效也很大。会后也了解到关于红壤站工作及"工程改良"中的一些重要问题,回来后向所里做了反映。

9 月 12～17 日,到福建长汀,参加在河田镇(42 万亩,7 万人)县水土保持站召开"院士工作站"揭牌仪式,市、县有关领导,水利部处长等均参加。考察了露湖村的侵蚀地、崩岗地及林下流试验地。会后讨论了关于院士工作站的领导及如何工作等问题,福建农林大学林学院副院长马祥兴及福建省水保局岳局长陪同考察稀土开采地及水保改良地的对照试验地。

10 月 10 日,完成黄国勤帮助初编的《生态高值农业的理论与实践》专著,已交段增强于近期完成,争取在年内出版。

10 月 12～13 日,到安徽合肥中国科技大学讲课,并参加学校"功能实验室"的揭牌仪式。同时,受聘为"中国科技大学苏州研究院功能农业支撑技术联合实验室名誉主任",聘期两年。此实验室由尹学斌主持。

附录二
赵其国主要论著目录

专著

[1] E. N 拉特列尔著,赵其国,等,译. 植物营养与施肥. 北京;科学出版社,1956.

[2] 赵其国,主编. 古巴热带土壤的发生、分类与利用. 古巴:哈瓦拉,1967.

[3] 赵其国,主编. 黑龙江省与内蒙古自治区东北部土壤资源. 北京:科学出版社,1982.

[4] 赵其国,主编. 中国红壤地区土壤利用改良区划. 北京:农业出版社,1985.

[5] 赵其国,等,译. 美国土壤系统分类检索. 北京:科学出版社,1985.

[6] 赵其国,等,编. 江西红壤. 南昌:江西科学技术出版社,1988.

[7] 赵其国,龚子同编. 土壤地理研究法. 北京:科学出版社,1989.

[8] 赵其国,等,编. 中国土壤资源. 南京:南京大学出版社,1991.

[9] 赵其国,编. 黄淮海平原土壤肥料研究论文集. 北京:中国科学技术出版社,1993.

[10] 赵其国,编. 豫北淮北苏北地区农业综合治理开发技术专题研究. 北京:科学出版社,1993.

[11] 赵其国,编. 土壤圈:土壤圈物质循环与农业和环境. 南京:江苏科学技

术出版社,1995.

[12] 赵其国,等,编. 江苏农业可持续发展研究. 南京:东南大学出版社,1998.

[13] 许厚泽,赵其国,编. 长江流域洪涝灾害与科技对策. 北京:科学出版社,1999.

[14] 赵其国,等,著. 红壤物质循环及其调控. 北京:科学出版社,2002.

[15] 赵其国,等,著. 中国东部红壤地区土壤退化的时空变化、机理及调控. 北京:科学出版社,2002.

[16] 赵其国,史学正,等,著. 土壤资源概论. 北京:科学出版社,2007.

[17] 赵其国,黄国勤,编. 低碳经济理论与实践. 北京:中国环境科学出版社,2011.

论文

[1] 赵其国. 云南省的胶泥田及其改良. 土壤学报,1959(1).

[2] 赵其国. 滇南砖红壤性土的发生特性及其形成过程. 土壤通报,1969(2).

[3] 赵其国. 黑土的肥力演变及其分类. 土壤,1978(5).

[4] 赵其国. 南斯拉夫土壤分类、分布和森林土壤研究概况. 土壤,1980(1).

[5] 赵其国. 县级土壤资源调查和土壤区划—以广东省博罗县为例. 土壤,1980(5).

[6] 赵其国. 万倍克教授谈美国土壤系统分类研究概况. 土壤,1981(3).

[7] 赵其国. 麦克拉克教授介绍美国土壤分类概况. 土壤,1981(6).

[8] 赵其国. 土壤学的发展及其研究前景. 土壤,1982(1).

[9] 赵其国. 热带土壤的发生与分类研究进展. 土壤学进展,1983(1).

[10] 赵其国. 热带土壤的发生与分类研究进展(续). 土壤学进展,1983(2).

[11] 赵其国. 我国富铝化土壤发生特性的初步研究. 土壤学报,1983(4).

[12] 赵其国. 我国富铝化土壤诊断土层的初步研究及其在分类上的应用. 土壤学报,1984(5).

[13] 赵其国. 英国土壤学研究近况. 土壤,1985(3).

[14] 赵其国. 联邦德国土壤科学研究近况. 土壤,1985(4).

[15] 赵其国. 怀念马溶之教授—纪念马溶之同志逝世十周年. 土壤,1986(2).

[16] 赵其国. 当前我国土壤学研究所面临的任务. 土壤,1986(4).

［17］赵其国.澳大利亚土壤及土壤科学研究近况.土壤,1986(6).

［18］赵其国.奋力开展土壤研究立志攀登世界高峰.土壤通报,1987(1).

［19］赵其国.中国热带亚热带地区旱地土壤资源.土壤,1987(1).

［20］赵其国.中国主要农业土壤的集约耕作.土壤学报,1987(1).

［21］赵其国.土壤学发展趋势与青年土壤科技工作者的任务.土壤,1987(2).

［22］赵其国.丹麦及瑞典南部的土壤概况.土壤,1987(3).

［23］赵其国.第九次国际土壤分类工作会议概况.土壤,1987(6).

［24］赵其国.我国土壤资源的保护与合理利用.土壤通报,1988(1).

［25］赵其国.中国的火山灰土.土壤学报,1988(4).

［26］赵其国.我国中低产土的类型分布与治理开发途径.土壤,1988(6).

［27］赵其国.灰土的特性分类及利用—第5届国际土壤分类会议论文综述.
土壤,1989(1).

［28］赵其国.中国土地资源及其利用区划.土壤,1989(3).

［29］赵其国.为繁荣我国土壤科学事业而继续努力—为庆祝建国40周年而
作.土壤,1989(4).

［30］赵其国.黄淮海平原水土资源特点及节水农业技术.人民黄河,1989(10).

［31］赵其国.以色列的水土资源与农业概况—访以色列简况.土壤,1990(1).

［32］赵其国.我国的土地资源.地理学报,1990(2).

［33］赵其国.中国的灰化土.土壤学报,1990(3).

［34］赵其国.我国南方农业综合发展战略.中国科学院院刊,1990(4).

［35］赵其国.我国土地资源在人为利用条件下的变化及其对环境的影响.
土壤,1990(5).

［36］赵其国.为人类生存及改善环境不断加强土壤科学研究—从第14届国
际土壤学大会看土壤学的发展.土壤,1990(6).

［37］赵其国.土壤圈物质循环研究与土壤学的发展.土壤,1991(1).

［38］赵其国.土壤退化及其防治.土壤,1991(1).

［39］赵其国.我国热带亚热带森林凋落物及其对土壤的影响.土壤,1991(1).

［40］赵其国.创建节源高效持续农业—我国农业的发展方向.土壤,1991(5).

［41］赵其国.依靠科学技术开拓农业发展新时代.农业现代化研究,1991(6).

[42] 赵其国.中国土壤—植物营养化学的奠基人—祝贺李庆逵教授从事土壤科学研究60周年.土壤,1991(6).

[43] 赵其国.90年代的土壤科学.土壤通报,1992(1).

[44] 赵其国.我国土地资源的态势——潜力与对策.土壤,1992(1).

[45] 赵其国.关于"21世纪全球环境与发展议程".土壤,1992(2).

[46] 赵其国.水稻土的类型特征及其管理.土壤,1992(4).

[47] 赵其国.我国红壤现代成土过程和发育年龄的初步研究.第四纪研究,1992(4).

[48] 赵其国.我国南方贫困山区的发展问题.土壤,1992(5).

[49] 赵其国.我国土壤调查制图及土壤分类工作的回顾与展望.土壤,1992(6).

[50] 赵其国.重视三峡库区的移民及环境建设工作.土壤,1993(2).

[51] 赵其国.台湾的土壤科学研究与农业发展概况—访问台湾省的报告.土壤,1993(3).

[52] 赵其国.中国的冻土.土壤学报,1993(4).

[53] 赵其国.中国科学院南京土壤研究所40年.土壤,1993(4).

[54] 赵其国.土壤圈及其在全球变化中的作用.土壤,1994(1).

[55] 赵其国.从未来土壤学看环境与生态优先研究领域.中国科学基金,1994(3).

[56] 赵其国.我国干旱土壤资源特点及其利用途径.土壤,1995(1).

[57] 赵其国.为跨世纪土壤学的发展作出新贡献—第15届国际土壤学会会议综述.土壤学报,1995(2).

[58] 赵其国.中国南方红土与第四纪环境变迁的初步研究,第四纪研究,1995(2).

[59] 赵其国.江西省农业持续发展与生态环境的建设.土壤,1996(1).

[60] 赵其国.现代土壤学与农业持续发展.土壤学报,1996(1).

[61] 赵其国.中国土壤学学科发展战略研究报告.地球科学进展,1996(2).

[62] 赵其国.从现代土壤学看江苏省农业持续发展中的问题.土壤,1996(4).

[63] 赵其国.土壤圈在全球变化中的意义与研究内容.地学前缘,1997(1).

[64] 赵其国.我国现代农业发展中的若干问题.土壤学报,1997(1).

[65] 赵其国. 土壤质量与持续环境—土壤质量的定义及评价方法. 土壤, 1997(3).

[66] 赵其国. 我国东南红壤丘陵地区农业持续发展和生态环境建设优势、潜力和问题. 土壤, 1998(3).

[67] 赵其国. 我国东南红壤丘陵地区农业持续发展和生态环境建设措施、对策和建议. 土壤, 1998(4).

[68] 赵其国. 我国农业可持续发展问题初探. 农业现代化研究, 1998(5).

[69] 赵其国. 土壤与环境问题国际研究概况及其发展趋向—参加第16届国际土壤学会专题综述. 土壤, 1998(6).

[70] 赵其国. 深入开展"土壤与环境"问题的研究. 土壤与环境, 1999(1).

[71] 赵其国. 继往开来, 迎接21世纪对土壤科学的挑战. 土壤, 1999(5).

[72] 赵其国. 我国农业发展面临的问题与对策——兼谈江苏省农业发展有关问题. 土壤, 1999(6).

[73] 赵其国. "三 S"技术在持续农业与山区土地利用中的应用. 土壤, 2000(1).

[74] 赵其国. 我国农业发展和结构调整问题. 安徽农学通报, 2000(2).

[75] 赵其国. 东南红壤丘陵地区农业可持续发展研究. 土壤学报, 2000(4).

[76] 赵其国. 开展我国东南沿海经济快速发展地区资源与环境质量问题研究建议. 土壤, 2000(4).

[77] 赵其国. 江苏省当前农业发展问题及对策. 土壤, 2000(5).

[78] 赵其国. 解决我国东南沿海经济快速发展地区资源与环境摄影师问题刻不容缓—关于该区资源与环境质量问题. 土壤, 2001(3).

[79] 赵其国. 21世纪土壤科学展望. 地球科学进展, 2001(5).

[80] 赵其国. 重视农业安全质量, 加强农业清洁生产. 土壤, 2001(5).

[81] 赵其国. 江苏省农业清洁生产技术与管理体系的研究与试验示范. 土壤, 2001(6).

[82] 赵其国. 江苏省环境质量与农业安全问题研究. 土壤, 2002(1).

[83] 赵其国. 为21世纪土壤科学的创新发展作出新的贡献—参加第17届国际土壤学大会综述. 土壤, 2002(5).

［84］赵其国.中国耕地资源安全问题及相关对策思考.土壤,2002(6).

［85］赵其国.发展与创新现代土壤科学.土壤学报,2003(3).

［86］赵其国.艰苦创业、催人奋进的五十年—庆祝中国科学院南京土壤研究所建所五十周年.土壤,2003(3).

［87］赵其国.城市生态环境保护与可持续发展.土壤,2003(6).

［88］赵其国.中国土壤科学发展的理论与实践.生态环境,2004(1).

［89］赵其国.信息化与农业现代化.土壤学报,2004(3).

［90］赵其国.土地资源大地母亲—必须高度重视我国土地资源的保护—建设与可持续利用问题.土壤,2004(4).

［91］赵其国.民以食为天食以净为本—江苏省农产品清洁生产创新研究.土壤,2005(1).

［92］赵其国.建设江西优质粮仓确保国家粮食安全.土壤,2005(3).

［93］赵其国.湿地资源生态功能的调控.土壤,2006(1).

［94］赵其国.我国南方当前水土流失与生态安全中值得重视的问题.水土保持通报,2006(2).

［95］赵其国.中国耕地资源变化及其可持续利用与保护对策.土壤学报,2006(7).

［96］赵其国.闽西南及赣南地区水土流失治理问题的思考与建议.中国水土保持,2006(8).

［97］赵其国.第 18 届国际土壤学大会综述.土壤,2007(1).

［98］赵其国.对第 18 届国际土壤学大会召开的认识与体会.土壤,2007(1).

［99］赵其国.为不断开拓与创新土壤学研究新前沿而努力奋进.土壤,2007(1).

［100］赵其国.鄱阳湖生态环境与可持续发展.土壤学报,2007(3).

［101］赵其国.生态农业与食品安全.土壤学报,2007(6).

［102］赵其国.我国现代农业发展路线与发展战略.生态环境,2008(5).

［103］赵其国.低碳经济与农业发展思考.生态环境学报,2009(5).

［104］赵其国.土壤科学发展的战略思考.土壤,2009(5).

［105］赵其国.当前国内外环境保护形势及其研究进展.土壤学报,2009(6).

[106] 赵其国. 发展江苏现代农业十项政策建议. 江苏农村经济, 2009(7).

[107] 赵其国. 面向不断变化世界、创新未来土壤科学—第19届世界土壤学大会综合报道. 土壤, 2010(5).

[108] 赵其国. 生态高值农业是我国农业发展的战略方向. 土壤, 2010(6).

[109] 赵其国. 中国生态高值农业发展模式及其技术体系. 土壤学报, 2010(6).

[110] 赵其国. 广西农业机遇成就问题与战略. 农学学报, 2011(02).

[111] 赵其国. 保障我国耕地红线及粮食安全十字战略方针. 土壤, 2011(05).

参考文献

档案资料

［1］赵其国人事档案。现藏于中国科学院南京土壤所人事处。

［2］赵其国野外考察笔记(23 册)。现藏于北京理工大学老科学家采集工程馆藏基地。

［3］赵其国日记(部分)。现藏于北京理工大学老科学家采集工程馆藏基地。

著作

［1］当代中国丛书编辑委员会：《当代中国的科学技术事业》。当代中国出版社，1991 年。

［2］樊洪业主编：《中国科学院编年史》(1949～1999)。上海科技教育出版社，1999 年。

［3］中国科学技术协会编：《中国科学技术专家传略·农学编·作物卷Ⅰ》。中国科学技术出版社，1993 年。

［4］中国科学技术协会编：《中国科学技术专家传略·农学编·作物卷Ⅱ》。中国科学技术出版社，1999 年。

［5］《科学家传记大辞典》编辑组：《中国现代科学家传记》(1～6)。科学出版社，1991～1994 年。

［6］董光璧主编：《中国近现代科学技术史》。湖南教育出版社，1997 年。

［7］李佩珊、许良英主编：《20 世纪科学技术简史》(上、下)。科学出版社，2004 年。

［8］[美]R. 麦克法夸尔、费正清编，谢亮生等译：《剑桥中华人民共和国史》(1949—1965)。中国社会科学出版社，1990 年。

［9］[美]R. 麦克法夸尔、费正清编，谢亮生等译：《剑桥中华人民共和国史》(1966—1982)。中国社会科学出版社，1992 年。

[10] 吴国盛:《科学的历程》(第二版)。北京大学出版社,2002 年。

[11] 张剑:《中国近代科学与科学体制化》。四川人民出版社,2008 年。

[12] 赵其国主编:《黑龙江省与内蒙古自治区东北部土壤资源》。科学出版社,
1982 年。

[13] 赵其国等主编:《江西红壤》。江西科学技术出版社,1988 年。

[14] 赵其国主编:《黄淮海平原土壤肥料研究论文集》。中国科学技术出版社,
1993 年。

[15] 赵其国主编:《豫北淮北苏北地区农业综合治理开发技术专题研究》。科学出版
社,1993 年。

[16] 赵其国主编:《土壤圈:土壤圈物质循环与农业和环境》。江苏科学技术出版社,
1995 年。

[17] 赵其国等著:《红壤物质循环及其调控》。科学出版社,2002 年。

[18] 赵其国等著:《中国东部红壤地区土壤退化的时空变化、机理及调控》。科学出
版社,2002 年。

论文

[1] 赵其国:"县级土壤资源调查和土壤区划—以广东省博罗县为例"。《土壤》,
1980 年第 5 期。

[2] 赵其国:"土壤学的发展及其研究前景"。《土壤》,1982 年第 1 期。

[3] 赵其国:"当前我国土壤学研究所面临的任务"。《土壤》,1986 年第 4 期。

[4] 赵其国:"奋力开展土壤研究立志攀登世界高峰"。《土壤通报》,1987 年第 1 期。

[5] 赵其国:"中国主要农业土壤的集约耕作"。《土壤学报》,1987 年第 1 期。

[6] 赵其国:"土壤学发展趋势与青年土壤科技工作者的任务"。《土壤》,1987 年第
2 期。

[7] 赵其国:"我国土壤资源的保护与合理利用"。《土壤通报》,1988 年第 1 期。

[8] 赵其国:"我国中低产土的类型分布与治理开发途径"。《土壤》,1988 年第 6 期。

[9] 赵其国:"中国土地资源及其利用区划"。《土壤》,1989 年第 3 期。

[10] 赵其国:"为繁荣我国土壤科学事业而继续努力—为庆祝建国 40 周年而作"。
《土壤》,1989 年第 4 期。

[11] 赵其国:"黄淮海平原水土资源特点及节水农业技术"。《人民黄河》,1989 年第
10 期。

[12] 赵其国:"我国南方农业综合发展战略"。《中国科学院院刊》。1990 年第 4 期。

[13] 赵其国:"我国土地资源在人为利用条件下的变化及其对环境的影响"。《土
壤》,1990 年第 5 期。

[14] 赵其国:"土壤圈物质循环研究与土壤学的发展"。《土壤》,1991 年第 1 期。

[15] 赵其国:"土壤退化及其防治"。《土壤》,1991 年第 1 期。

[16] 赵其国:"我国热带亚热带森林凋落物及其对土壤的影响"。《土壤》,1991 年第
1 期。

[17] 赵其国:"依靠科学技术开拓农业发展新时代"。《农业现代化研究》,1991年第6期。

[18] 赵其国:"90年代的土壤科学"。《土壤通报》,1992年第1期。

[19] 赵其国:"关于'二十一世纪全球环境与发展议程'"。《土壤》,1992年第2期。

[20] 赵其国:"我国红壤现代成土过程和发育年龄的初步研究"。《第四纪研究》,1992年第4期。

[21] 赵其国:"我国土壤调查制图及土壤分类工作的回顾与展望"。《土壤》,1992年第6期。

[22] 赵其国:"中国科学院南京土壤研究所40年"。《土壤》,1993年第4期。

[23] 赵其国:"土壤圈及其在全球变化中的作用"。《土壤》,1994年第1期。

[24] 赵其国:"从未来土壤学看环境与生态优先研究领域"。《中国科学基金》,1994年第3期。

[25] 赵其国:"为跨世纪土壤学的发展作出新贡献—第15届国际土壤学会会议综述"。《土壤学报》,1995年第2期。

[26] 赵其国:"中国南方红土与第四纪环境变迁的初步研究"。《第四纪研究》,1995年第2期。

[27] 赵其国:"现代土壤学与农业持续发展"。《土壤学报》,1996年第1期。

[28] 赵其国:"中国土壤学学科发展战略研究报告"。《地球科学进展》,1996年第2期。

[29] 赵其国:"从现代土壤学看江苏省农业持续发展中的问题"。《土壤》,1996年第4期。

[30] 赵其国:"土壤圈在全球变化中的意义与研究内容"。《地学前缘》,1997年第1期。

[31] 赵其国:"我国农业可持续发展问题初探"。《农业现代化研究》,1998年第5期。

[32] 赵其国:"深入开展'土壤与环境'问题的研究"。《土壤与环境》,1999年第1期。

[33] 赵其国:"继往开来,迎接21世纪对土壤科学的挑战"。《土壤》,1999年第5期。

[34] 赵其国:"开展我国东南沿海经济快速发展地区资源与环境质量问题研究建议"。《土壤》,2000年第4期。

[35] 赵其国:"21世纪土壤科学展望"。《地球科学进展》,2001年第5期。

[36] 赵其国:"重视农业安全质量,加强农业清洁生产"。《土壤》,2001年第5期。

[37] 赵其国:"江苏省农业清洁生产技术与管理体系的研究与试验示范"。《土壤》,2001年第6期。

[38] 赵其国:"民以食为天食以净为本—江苏省农产品清洁生产创新研究"。《土壤》,2005年第1期。

[39] 赵其国:"为不断开拓与创新土壤学研究新前沿而努力奋进"。《土壤》,2007年第1期。

[40] 赵其国:"生态农业与食品安全"。《土壤学报》,2007年第6期。

［41］赵其国："我国现代农业发展路线与发展战略"。《生态环境》,2008 年第 5 期。

［42］赵其国："低碳经济与农业发展思考"。《生态环境学报》,2009 年第 5 期。

［43］赵其国："土壤科学发展的战略思考"。《土壤》,2009 年第 5 期。

［44］赵其国："当前国内外环境保护形势及其研究进展"。《土壤学报》,2009 年第 6 期。

［45］赵其国："面向不断变化世界、创新未来土壤科学—第 19 届世界土壤学大会综合报道"。《土壤》,2010 年第 5 期。

［46］赵其国："生态高值农业是我国农业发展的战略方向"。《土壤》,2010 年第 6 期。

后 记

　　赵其国院士在南京农业大学任兼职博士生导师,好几年前,有一次给学生作报告,谈环境污染与清洁农产品生产的问题,因为感兴趣,我也去听。他神采飞扬的样子和学生们阵阵的掌声让我印象深刻。后来,在许多报纸上经常能看到他的名字,总是对一些大家关心的有关环境方面的热点问题予以深入浅出的解读。从网上搜一搜,有关他的活动情况还真不少,但想了解更多的内容,则没有。2012 年 7 月,"老科学家学术成长资料采集工程"启动了对他的采集工作,我很高兴也很荣幸申请到承担这项工作,因为我实在想近距离地了解他。

　　我先跟他的秘书陈家琼联系,确定时间以后到他的办公室见面。第一次见到赵先生我就被他宏亮的嗓音和爽朗的笑声所震撼,他一点架子也没有,让人感觉很亲切。我向他说明来意,他很高兴地表示国家启动"老科学家学术成长资料采集工程"是在做一件大好事,但感觉自己还不够格,可以尽量先对其他急需采集对象进行相关工作。当我告诉他,采集工程领导小组已有安排,他才放心地跟我谈如何配合采集的事情。他说,几十年来从事土壤研究工作,虽然做了一点事情,但放在任何一个有良心的科技工作者身上,都会做得很好,而且,很多工作都不是一个人能完成的,都是集体合作的结晶。

　　在不知不觉中,录音的资料在一点点积累,整理的文字材料逐渐增加,他仿佛又回到了那个火热的建设年代,我似乎也跟着他一起穿越,如身临其境一般。暑往寒来,新年的钟声悠悠地敲响,采集小组在一趟一趟的往返中,拿来了赵先生1950年代的一本本野外考察笔记、一张张泛黄的照片,尘封的记忆被打开,鲜活的人物浮现出来。为了与口述材料相印证,采集小组又翻阅摘抄了他的一些档案材料,采访了其他相关的人员,在短短一年多的时间里,整理文字材料15万多字。在此基础上,撰写赵其国院士学术成长报告,并就其中碰到的问题随时用电子邮件向他询问,他总是不厌其烦地及时回答。

　　陈家琼是赵先生的秘书,对他的个人材料了如指掌,在采集过程中给予我们莫大的帮助;南京农业大学潘剑君教授、曹慧教授是赵先生的学生,高兴地接受了我们的采访;赵智是赵先生的女儿,给采集小组提供了在江苏泗阳下放期间全家生活情况的书面材料;武汉大学杨国安教授、华中农业大学李家奎教授为查阅赵先生在两校的学籍材料提供了帮助。另外,部分研究生在资料整理时也发挥了不小的作用,在此一并致谢!

杨　坚

2014年10月于南京

老科学家学术成长资料采集工程丛书
已出版（50 种）

《卷舒开合任天真:何泽慧传》   《此生情怀寄树草:张宏达传》

《从红壤到黄土 :朱显谟传》   《梦里麦田是金黄:庄巧生传》

《山水人生:陈梦熊传》   《大音希声:应崇福传》

《做一辈子研究生:林为干传》 《寻找地层深处的光:田在艺传》

《剑指苍穹:陈士橹传》   《举重若重:徐光宪传》

《情系山河:张光斗传》   《魂牵心系原子梦:钱三强传》

《金霉素·牛棚·生物固氮:沈善炯传》 《往事皆烟:朱尊权传》

《胸怀大气:陶诗言传》   《智者乐水:林秉南传》

《本然化成:谢毓元传》   《远望情怀:许学彦传》

《一个共产党员的数学人生:谷超豪传》 《没有盲区的天空:王越传》

《含章可贞:秦含章传》   《行有则　知无涯:罗沛霖传》

《精业济群:彭司勋传》   《为了孩子的明天:张金哲传》

《肝胆相照:吴孟超传》   《梦想成真:张树政传》

《新青胜蓝惟所盼:陆婉珍传》 《情系梁菽:卢良恕传》

《核动力道路上的垦荒牛:彭士禄传》 《笺草释木六十年:王文采传》

《探赜索隐　止于至善:蔡启瑞传》 《妙手生花:张涤生传》

《碧空丹心:李敏华传》   《硅芯筑梦:王守武传》

《仁术宏愿:盛志勇传》   《云卷云舒:黄士松传》

《踏遍青山矿业新:裴荣富传》 《让核技术接地气:陈子元传》

《求索军事医学之路:程天民传》 《论文写在大地上:徐锦堂传》

《一心向学:陈清如传》   《铃记:张兴铃传》

《许身为国最难忘:陈能宽》   《寻找沃土 :赵其国传》

《钢锁苍龙　霸贯九州:方秦汉传》 《虚怀若谷:黄维垣传》

《一丝一世界:郁铭芳传》   《乐在图书山水间:常印佛传》

《宏才大略:严东生传》   《碧水丹心:刘建康传》